작심3일 10번으로 중국어 끝내기

중국어 끝내기

기초 문법

느껴진다~

중국어

작심삼일
시작하면서부터

내 몸에
중국어의
피가 흐른다.

시사중국어사

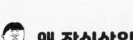 **왜 작심삼일인가?**

세상에 계획을 안 세우거나 못 세우는 사람은 없다.

올 여름엔 다이어트를 해야지, 중국어를 꼭 마스터해야지, 올해엔

책 좀 많이 읽어야지...

이번에는 꼭 해야지! 이번만큼은 기필코 해야지! 다짐하고 또 다짐

하지만, 그러나 마음먹은 일을 끝까지 해내는 사람은 정작 드물다.

오죽하면 작심삼일이라는 사자성어까지 있지 않은가.

'나는 왜 3일을 넘기지 못하는 걸까' 자책도 해보지만

작심삼일이면 또 어떤가?

비록 3일 만에 끝나는 작심이라도

아예 시작도 안 하는 것보다는 훨씬 낫지 않은가?

우선 3일, 일단 시작이라도 해보자.

작심 1단계 작심삼일이라도 좋다. 일단 작심하자.

작심 2단계 딱 3일만 목표에 집중하고 그다음은 쉬자.

작심 3단계 딱 10번만 작심하자.

딱 3일씩 10번만 작심해보자.

언젠가 포기했던 중국어 끝내기의 길이 열리도록!

머리말

중국어를 잘하는 비결이 무엇이냐는 물음을 종종 받습니다. 그럼, 저는 조금 색다르게 '한국어를 내려놓으세요.'라고 대답합니다. 흔히 중국어는 한국어의 어순과 반대여서 어렵다, 한자는 뜻글자여서 외우기 어렵다고 말합니다. 그러나 '화제(Topic)'를 중심으로 이야기를 이끌어 나가는 것은 한국어와 똑같습니다. 또, 한자 속에는 뜻을 나타내는 부분과 소리를 나타내는 부분이 같이 있어서 자주 쓰는 한자를 암기하면 처음 보는 한자의 발음도 유추할 수 있습니다. 중국어에 대한 우리의 고정 관념과 모국어를 내려놓는 것이 바로 중국어를 쉽고, 재밌게 배우는 비결입니다.

원고를 집필하면서 중국어에 관한 스스로의 관념을 내려놓고 처음 배우는 사람의 입장에서 서술하고자 노력했습니다. 이 책은 초급 학습자가 중국인처럼 말하기 위한 문장의 뼈대를 세우고, 기초를 다지는 문법 완성서로서의 역할을 할 것입니다.

끝으로, 이 책이 나오기까지 모든 면에서 도와주신 중국어편집부 부장님과 삶의 동반자이자 치유자인 남편에게 고마움을 전합니다. 그리고 사랑하는 딸, 커서 중국어를 배우게 되면 엄마 책도 참고해주기를 바라요.

저자 김세미

Intro (중국어와 중국어의 발음 & 중국어 문법의 기초)

본격 문법 학습에 들어가기 전, 몸풀기로 중국어의 발음과 문법의 기초 사항을 알고 가면 작심삼일 학습에 큰 도움이 된다는 사실! 이미 아는 지식도 많을 테니, 살짝 읽어보기만 해도 큰 도움이 될 거예요!

▌ 문법 이해하기

중국어가 한국어 또는 영어와 어떻게 다른지에 중점을 두어 그 개념을 친절하게 설명한 코너예요. 슬슬 읽어만 보아도 중국어 문법의 기본 개념을 딱! 잡아주어 혼자라도 학습 진도를 쉽게 나갈 수 있게 도와주는 중요한 코너이지요.

한국어 문장을 읽었을 뿐인데, 중국어 문법이 이해가 된다고? 이제 문법을 공부할 준비가 다 되었네요! 통과~!

★ **sisabooks.com에 들어가시면 무료로 음성 강의를 들으실 수 있습니다.**
sisabooks.com 접속 → '시사중국어사' 클릭 후 로그인 → 상단의 'MP3도서' 클릭
→ 도서 목록에서 '작심3일 10번으로 중국어 끝내기' 클릭

2 핵심 문법 알기

원어민의 생생 발음이
궁금하다면 QR 코드를
찍어 들어보세요!

짧지만 확실한 설명과
다양한 예문으로 중국어 문법을
만나는 코너예요.
학습자의 궁금증을 확실하게 풀어줄
액기스 같은 내용이 가득합니다.
구구절절 중요한 내용이 많지만 내용이
깔끔하게 잘 정리되어 있어 한눈에 쉽게
들어온답니다!
참, 저자 음성 강의와 함께 하면 중국어가
더 쉬워진다는 사실!

3 직접 만들어 확인하기

핵심 내용을 학습하였으니 배운 내용을 확인
해 보고 싶다고요? 학습자의 실력 향상을 책
임질 확인 코너에서 작문도 해보고 또 직접 말
하기도 해보면서 핵심만 쏙쏙! 실력은 쑥쑥!
느는 자신을 발견해 보세요!
입으로 열심히 작문하다 보면 회화 실력까지
향상된다는 것은 안 비밀!

작심 회화

열심히 작심3일 한 학습자들이라면 이 정도 회화
는 할 수 있다고요!
배웠던 예문들로만 구성되어 내가 배운 문법과
예문이 어떻게 회화가 되는지 확인할 수 있어요!

목차

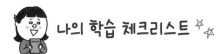

나의 학습 체크리스트

	Day 1	Day 2	Day 3
★ 첫 번째 작심삼일	☐ ☐	☐ ☐	☐ ☐
★ 두 번째 작심삼일	☐ ☐	☐ ☐	☐ ☐
★ 세 번째 작심삼일	☐ ☐	☐ ☐	☐ ☐
★ 네 번째 작심삼일	☐ ☐	☐ ☐	☐ ☐
★ 다섯 번째 작심삼일	☐ ☐	☐ ☐	☐ ☐

예시와 같이 학습한 내용을
간단히 적어 체크리스트를 완성해 보세요.

```
1 / 4               ☑
☐ 명사술어문 끝
☐ 동사술어문 OK
```

	Day 1	Day 2	Day 3
★ 여섯 번째 작심삼일	.... ☐ _____ ☐ _____	.... ☐ _____ ☐ _____	.... ☐ _____ ☐ _____
★ 일곱 번째 작심삼일	.... ☐ _____ ☐ _____	.... ☐ _____ ☐ _____	.... ☐ _____ ☐ _____
★ 여덟 번째 작심삼일	.... ☐ _____ ☐ _____	.... ☐ _____ ☐ _____	.... ☐ _____ ☐ _____
★ 아홉 번째 작심삼일	.... ☐ _____ ☐ _____	.... ☐ _____ ☐ _____	.... ☐ _____ ☐ _____
★ 열 번째 작심삼일	.... ☐ _____ ☐ _____	.... ☐ _____ ☐ _____	.... ☐ _____ ☐ _____

Intro

중국어와 중국어의 발음 ✦

1. 중국어란

① **중국어와 한어(汉语)**

중국에서는 중국어를 지칭하는 말로 한어(汉语)라고 하는데, 인구의 90% 이상을 차지하는 한족(汉族)의 언어(语言)라는 뜻이에요. 또한 중국은 지역에 따라 방언이 다양하여, 베이징 발음과 북방 방언을 중심으로 표준어인 푸통화(普通话)를 제정하였어요. 현재 우리가 배우고 있는 것이 바로 한어이자 푸통화랍니다.

② **한자와 간체자**

중국에서는 현재 예전부터 써오던 복잡한 형태의 한자를 간략화 하여 만든 간체자(简体字)를 써요. 문맹률이 높던 중국에서 쉽게 외우고 익힐 수 있도록 간략하게 만든 글자랍니다. 그러나 대만, 홍콩, 한국 등에서는 아직도 복잡한 형태의 한자인 번체자(繁体字)를 사용해요.

번체자	간체자
漢語	汉语

③ **중국어의 발음기호: 한어병음(汉语拼音)**

표의문자인 한자는 그 자체로 어떤 뜻인지는 알 수 있어도 어떻게 발음하는지는 알 수 없어요. 그래서 바로 '한어병음'으로 한자를 읽을 수 있게 표기를 해요. 한어병음으로 표시된 음절에서 첫 소리를 '성모'라고 하고, 그 나머지를 '운모', 높낮이를 '성조'라고 합니다.

汉语 Hànyǔ

성모   운모   성조

2. 중국어의 발음

원어민 발음 듣기 INTRO

① 성모

한국어의 자음에 해당하는 것으로, 모두 21개가 있어요. 성모만으로는 발음할 수 없기 때문에 단운모와 함께 발음해요.

b	p	m	f
뽀-어	포-어	모-어	포f-어
d	t	n	l
뜨어-	트어-	느어-	르어-
g	k	h	
끄어-	크어-	흐어-	
j	q	x	
지-	치-	시-	
z	c	s	
쯔	츠	쓰	
zh	ch	sh	r
즈-(ㄹ)	츠-(ㄹ)	스-(ㄹ)	르-(ㄹ)

+

o
e
i

❷ 운모

한국어의 모음에 해당하는 것으로, 운모는 성모와 다르게 단독으로도 쓰일 수 있어요. 기본이 되는 단운모 6개에 복운모 4개, 비운모 5개, 결합운모(i 결합, u 결합, ü 결합) 20개로 모두 35개입니다.

a	ai	ao	an	ang	
	아이	아오	안	앙	
o	ou	ong			
	어우	옹			
*e	ei	en	eng	*er	
	에이	으언	으엉	얼	
i	ia	ie	iao	iou	
	이아	이에	이아오	이(오)우	
	ian	iang	iong	in	ing
	이앤	이앙	이옹	인	잉
u	ua	uo	uai	uei	
	우아	우어	우아이	우웨이	
	uan	uang	uen	ueng	
	우안	우앙	우언	우엉	
ü	üe	üan	ün		
	위에	위앤	원		

권설운모로, 단독으로 쓰이거나 단어 뒤에서 'ㄹ화운모'를 만들어요!

e는 다른 운모와 결합하면 '에'로, 성모와 결합하면 '으어'로 발음해요.

❸ **성조**

음절의 높낮이를 말하며 기본적으로 네 개의 성조와 경성이 있어요.
경성은 짧고 가볍게 발음하는 것으로 앞 음절의 성조에 따라 음높이
가 정해지고 성조부호도 따로 표기하지 않아요.

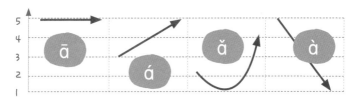

❹ **한어병음 표기 주의사항**

① i/u의 표기법

앞에 성모 없이 단독으로 쓰일 경우 i는 y를, u는 w를 추가	앞에 성모 없이 뒤에 n/ng가 올 경우 앞에 y를 추가	앞에 성모 없이 운모만 쓰일 경우 i → y, u → w로 바꾸어 표기
i ➡ yi u ➡ wu	in ➡ yin ing ➡ ying	ia ➡ ya uo ➡ wo

② ü의 표기법

앞에 성모가 없는 경우	앞에 j/q/x가 올 경우	앞에 l/n 성모가 올 경우
ü ➡ yu	jü ➡ ju qü ➡ qu xü ➡ xu	그대로 ü를 표기

⑤ **성조의 표기**

성조는 운모(a, o, e, u, i, ü)에 표시해요. 운모가 2개 이상일 경우에는 다음의 순서대로 표기해야 해요!

$$a \ > \ o, e \ > \ i, u, ü$$

> i와 u가 동시에 나올 경우,
> 성조 표기는 무조건 뒤에!
> 예) duì, jiù

⑥ **성조 변화**

① 3성의 성조 변화

3성 + 3성 ➡ 2성 + 3성	3성 + 1,2,4성 ➡ 반3성 + 1,2,4성
3성이 연속으로 올 때, 앞의 3성이 2성으로 변해요! 단, 성조는 원래대로 표기해요!	3성 뒤에 1,2,4성이 오면 음이 내려갔다 올라오지 않는 반3성이 돼요!

② 부정부사 '不'의 성조 변화

'不 bù' + 1,2,3성 ➡ 그대로 bù

원래 성조 그대로
4성으로 읽어요!

'不 bù' + 4성 ➡ '不 bú' + 4성

'不 bù' 뒤에 4성이 오면
'不'는 2성(bú)으로 바뀌어요.
성조는 바뀐 성조로 표기해요.

③ 숫자 '一'의 성조 변화

'一 yī' + 4성 ➡ '一 yí' + 4성	'一 yī' + 1,2,3성 ➡ '一 yì' + 1,2,3성	단독, 서수를 나타낼 때 ➡ 그대로 yī
'一 yī' 뒤에 4성이 올 때, 'yí'는 2성(yí)으로 변해요.	'一 yī' 뒤에 1,2,3성이 오면 'yī'는 4성(yì)으로 변해요!	단독으로 혹은 맨끝에 오거나, 서수(순서)를 나타낼 때는 1성(yī) 그대로 써요!

2 중국어 문법의 기초 ✦

'지피지기 백전불태(知彼知己 百戰不殆)', 《손자(孫子)》의 〈모공편(謀攻篇)〉에 나온 성어로 적을 알고 나를 알면 백 번 싸워도 위태로워지지 않는다는 뜻이에요. 우리가 흔히 '지피지기, 백전백승'이라고 알고 있는 말이지요. 중국어 문법을 정복하기 위해서는 기초 개념을 알고 시작해야 겠지요?

1. 문법 용어

❶ 품사란, 단어의 성질을 일컫는 것으로 '~사'로 끝나는 말이에요.

명사	사물을 지칭하는 말	人, 学校, 苹果 …
대명사	명사를 대신하여 사용하는 말	我, 他, 什么 …
양사	개수를 세는 말	个, 本, 次 …
수사	숫자, 개수를 일컫는 말	零, 一, 二 …
동사	움직임을 나타내는 말	有, 看, 喜欢 …
조동사	동사를 도와주는 말	想, 能, 要 …
형용사	성질이나 상태를 나타내는 말	好, 大, 高兴 …
부사	동사나 형용사를 꾸며주는 말	很, 已经, 都 …
개사	소개해주는 말	给, 在, 跟 …
조사	도와주는 말	了, 的, 吧 …
접속사	문장을 이어주는 말	和, 虽然, 因为 …
감탄사	감탄하는 말	喂, 哇, 哎呀 …
의성사	소리를 흉내 내는 말	哈哈, 咚咚, 哗哗 …

❷ 문장 성분이란, 문장 내에서의 역할을 일컫는 것으로 '~어'로 끝나는 말이에요.

주어	동작의 주체, 서술의 대상(topic)으로 문장을 이끄는 말
술어	주어에 대해 서술(comment)하거나 설명하는 말
목적어	동작이나 행위의 대상을 지칭하는 말
관형어	명사를 꾸며주는 말
부사어	문장 전체, 동사나 형용사를 꾸며주는 말
보어	술어의 의미를 보충해주는 말

맨날 최선을 다하면 피곤해서 못 살아
작심삼일만 해도 충분하다니까!

2. 문장 순서

❶ 기본 순서

중국어의 문법은 곧 '문장 순서'라고 해도 과언이 아니에요.

주어	술어	목적어
我	爱	你
你	爱	我

한국어는 '나는 너를 사랑해.'와 '너를 나는 사랑해.'처럼 조사에 의해 문법적 역할이 결정되므로, 주어와 목적어의 순서가 바뀌어도 의미가 같아요. 그러나 중국어는 순서가 바뀌면 정반대의 뜻이 되지요. 곧 문장 내의 위치가 문법적 역할을 결정하므로 올바른 단어의 배열이 중국어를 잘하는 첫 번째 단계입니다.

❷ 기본 순서 + @

기본 문장 순서에 관형어와 부사어, 보어를 붙여볼게요.

관형어	주어	부사어	술어	보어	관형어	목적어
我(的)	姐姐	顺利地	找	到了	很好的	工作

나의 언니는 순조롭게 좋은 직업을 찾았다.

관형어는 문장 속에서 주어와 목적어(명사)를 수식하는 성분이고, 부사어는 술어(동사나 형용사)를 수식하는 성분이므로, 각각 관형어는 주어, 목적어 앞에, 부사어는 술어 앞에 위치해요.

③ 기본 순서 + @ + @

이제 난이도 있는 문장을 한번 만들어 볼까요? 중국어 문장에 나올
수 있는 모든 문장 성분을 덧붙여 볼게요.

관형어/ 부사어	주어	부사어	조동사	개사구	술어	보어/ 시태조사	관형어	목적어
今天	我	很	想	在家里	睡	两个小时	甜美的	觉

오늘 나는 집에서 달콤한 잠을 두 시간 동안 자고 싶다.

여기서 주의해야 할 점은 술어 앞에 오는 성분들의 순서예요. 술어 앞
에는 수식하는 말인 부사어와 동사를 도와주는 조동사, 그리고 장소
나 시간, 목적 등을 구체적으로 나타내주는 개사구가 올 수 있어요.
이 세 가지 성분이 모두 출현하는 경우, 순서는 반드시 '부사어 + 조
동사 + 개사구'랍니다. 우리말의 '보조개'를 연상해서 외우면 쉽지요.
꼭 기억해 두세요!

우후훗

노양심

오늘은 여기까지
더 하다간 천재되겠어!

3. 배열 원칙

문장 순서와 함께 문장 성분을 배열하는 원칙도 알고 있으면 좋은데, 이것이 바로 중국어를 중국인처럼 쓰는 지름길이기도 해요. 중국인들의 어감은 다음의 세 가지 원칙을 따른답니다.

❶ 수식어는 피수식어 앞!

꾸며주는 말은 항상 앞에 오지요. '漂亮的老师(예쁜 선생님)', '一位老师(선생님 한 분)', '非常漂亮(매우 예쁘다)'와 같이 앞에 위치한 형용사, 수량구(수사와 양사), 부사, 모두 명사를 꾸며주는 말이에요.

❷ 시간의 순서에 따라 배열

중국인의 인지과정은 항상 사건이 발생한 순서에 따라 순차적으로 이루어져요. '他去图书馆读书(그는 공부하러 도서관에 간다)。', '他跑进去图书馆里了(그는 도서관에 뛰어 들어갔다)。'와 같습니다. 시간의 흐름상 그가 도서관에 간 것, 뛰는 동작이 먼저이므로 앞에 위치하지요. 한국어의 순서와 반대예요!

❸ '아는 정보(old information) **→ 새로운 정보**(new information)**'로 구성**

중국어 문장은 항상 정해진 것, 즉 말하는 이와 듣는 이가 모두 아는 정보로 시작하여 정해지지 않은 새로운 정보로 끝나야 해요. '손님이 오셨어.'를 중국어로 옮기면, '我家来了一位客人。' 또는 '有一位客人来了。'로 써야 중국어 문법에 맞고, '一位客人来我家了。(×)'는 틀립니다. '一位客人'처럼 막연한 낱말은 주어가 되어 문장을 이끌 수 없거든요!

자, 이제 중국어 문법의 기초는 마스터했습니다!

'작심삼일', 어떤 일을 해내기 위해서 굳게 마음 먹었으나 그 결심이 3일을 가지 못한다는 말이지요. 그렇다면 우리는 접근법을 달리해 3일마다 결심을 새롭게 하면 어떨까요? 때로는 먼 목표보다 눈앞의 목표에 집중하는 것이 효율이 높을 수 있으니까요.

여기서 잠깐! 중국어로 '작심삼일'은 뭐라고 하는지 아시나요? 바로 "三天打鱼，两天晒网 sān tiān dǎyú, liǎng tiān shàiwǎng"이라는 속담이 중국어에서 '작심삼일'이란 뜻을 나타내요. '삼일 동안 물고기를 잡고, 이틀 동안 그물을 말린다'는 뜻이지요!

그럼, 이제 모든 준비는 끝! 3일마다 중국어 기초의 한 꼭지를 끝내봅시다. 그럼 출발~!

하루 세끼는 잘만 먹으면서
삼일 마음 못 먹어?

첫 번째 작심삼일

기본 문장 끝내기 ①

기본 문장 끝내기 ①

중국어의 기본 문장은 **술어에 따라 명사술어문, 동사술어문, 형용사술어문, 주술술어문으로 나뉘어요.** 즉, 술어의 품사가 명사냐 동사냐, 형용사냐에 따라 문장의 성질이 크게 달라지지요. 주술술어문은 두 번째 작심삼일에서 살펴보아요!

언제 어떤 문장을 사용해서 말을 해야 할지 고민된다고요? 중국인은 **숫자로 된 정보를 제공하는 경우 명사술어문**을, **주어의 움직임을 나타내는 경우 동사술어문**을, **성질이나 상태를 표현하는 경우 형용사술어문**을 사용해요. 이러한 기준을 안다면, 중국인처럼 말하기 어렵지 않아요!

 Day 1 **명사술어문 알기**

 Day 2 **동사술어문 알기**

 Day 3 **형용사술어문 알기**

Day 1

명사술어문 알기

Ⅰ 문법 이해하기 ✫

이제 두 돌이 막 지난 딸아이에게 나이를 물으면, "찌, 세 살"이라고 말해요. 자기 이름의 첫 글자 '지'와 나이 '세 살'을 합쳐 말하는 것이지요. 그러면 저는 고쳐서 다시 말해줘요.

나는 세 살이에요.
I am three years old.
我三岁。
Wǒ sān suì.

한국어에서는 조사 '은/는'과 동사 '~이다'가 사용되고, 영어에서는 be 동사가 필요하지요. 그러나 중국어에서는 위와 같이 명사만으로 구성된 문장이 기본 문장 유형 중 하나입니다. 주어와 명사(= 수량구)만으로 구성된 문장이지요.

⭐ 명사술어문

명사나 수량구가 술어가 되는 문장으로 우리말이나 영어에는 없는 문장 유형이에요. 주로 시간, 날짜, 요일, 나이, 돈(가격) 등과 같이 숫자로 된 정보를 제공하는 경우에 사용해요.

주어 **+** 술어(명사/수량구) 。

今天星期三。 오늘은 수요일이에요. Jīntiān xīngqīsān.	요일
昨天八月十二号。 어제는 8월 12일이에요. Zuótiān bā yuè shí'èr hào.	날짜
现在三点十五分。 지금은 3시 15분이에요. Xiànzài sān diǎn shíwǔ fēn.	시간
你和我同岁。 당신과 나는 동갑이에요. Nǐ hé wǒ tóngsuì.	나이
这本书二十八元。 이 책은 28위안이에요. Zhè běn shū èrshíbā yuán.	돈, 가격

 Tip 국적이나 출신을 나타내는 경우에도 명사술어문을 사용해요.

> **예** 他韩国人。 Tā Hánguórén. 그는 한국인이에요.
> 我北京人。 Wǒ Běijīngrén. 나는 베이징사람이에요.

和 hé ~와/과 | 同岁 tóngsuì 동갑이다 | 韩国人 Hánguórén 한국인 |
北京人 Běijīngrén 베이징 사람

⭐ ② 명사술어문의 부정

술어로 쓰인 명사 앞에 반드시 '不是'를 넣어 부정해야 해요. 부사 '不'가 명사를 수식할 수 없으므로 동사 '是'를 빌려온답니다. 따라서 명사술어문의 부정문은 동사술어문이 돼요!

주어 ➕ 不是 ➕ 술어(명사/수량구) 。

今天不是星期三。　오늘은 수요일이 아니에요.
Jīntiān bú shì xīngqīsān.

요일

昨天不是八月十二号。
Zuótiān bú shì bā yuè shí'èr hào.
어제는 8월 12일이 아니에요.

날짜

现在不是三点十五分。
Xiànzài bú shì sān diǎn shíwǔ fēn.
지금은 3시 15분이 아니에요.

시간

你和我不是同岁。
Nǐ hé wǒ bú shì tóngsuì.
당신과 나는 동갑이 아니에요.

나이

这本书不是二十八元。
Zhè běn shū bú shì èrshíbā yuán.
이 책은 28위안이 아니에요.

돈, 가격

他不是韩国人。　그는 한국인이 아니에요.
Tā bú shì Hánguórén.

국적, 출신

3 직접 만들어 확인하기 ✦✦

✎ 다음 주어진 단어를 배열하여 문장을 완성하세요.

① 今天 / 一号 / 十月 오늘은 10월 1일이에요.

_____

② 二十 / 我 / 岁 저는 스무 살이에요.

_____

③ 点 / 现在 / 十 지금은 10시예요.

_____

🔊 다음 문장을 부정문으로 바꿔 말해보세요.

1
他中国人。

2
现在三点十五分。

3
今天星期三。

조금만
더 화이팅!

동사술어문 알기

▌ 문법 이해하기 ✨

우리말의 욕처럼 들린다고 해서 화제가 된 중국어 문장이 있어요.

你吃饭了吗?   당신은 밥 먹었어요?
Nǐ chīfàn le ma?

바로 이 문장이 동사술어문! 동사 '吃 chī (먹다)'가 술어, 명사 '饭 fàn (밥)'
이 목적어가 되는 문장이지요. 여기에 어기조사 '吗 ma'가 쓰여 의문문이
되었습니다. '밥 먹었어요?'라고 묻는 이 문장을 발음 그대로 적으면 '니츠
판러마?' 정도로 옮길 수 있는데, 여러분도 욕처럼 들리나요?

동사술어문은 중국어에서 가장 많이 보이는 문장으로 전체 중국어 문장
중에서 절대 다수를 차지하고 있기 때문에 동사술어문만 잘 활용해도 하
고 싶은 말은 웬만큼 할 수 있답니다.

2 핵심 문법 알기 ✦

⭐ 동사술어문

동사가 술어의 주요 성분이 되는 문장으로 주어의 동작이나 행위, 심리활동, 변화 등을 나타낼 때 사용해요.

> 주어 ✚ 술어(동사) 。

我看。 내가 봐요.
Wǒ kàn.

- -

他走。 그가 가요.
Tā zǒu.

- -

她哭。 그녀가 울어요.
Tā kū.

- -

他吃。 그가 먹어요.
Tā chī.

- -

我们休息吧。 우리 쉬자.
Wǒmen xiūxi ba.

- -

> **Tip** 위 예문의 '走 zǒu', '哭 kū', '休息 xiūxi'는 목적어를 가질 수 없는 동사로, 영어의 자동사와 같은 개념이에요!

吃饭 chīfàn 밥을 먹다 | 哭 kū (소리 내어) 울다 | 休息 xiūxi 휴식하다, 쉬다

반대로, **목적어와 함께 써야만 문장의 의미가 완전해지는 동사도**
있는데, 영어의 타동사와 같은 개념이에요.

 주어 + 술어(동사) + 목적어 。

我看书。 내가 책을 봐요.
Wǒ kàn shū.

- -

他去学校。 그가 학교에 가요.
Tā qù xuéxiào.

- -

她听音乐。 그녀가 음악을 들어요.
Tā tīng yīnyuè.

- -

弟弟做作业。 남동생이 숙제를 해요.
Dìdi zuò zuòyè.

- -

妈妈买衣服。 엄마가 옷을 사요.
Māma mǎi yīfu.

- -

> **Tip** 동사술어문의 부정은 현재나 미래를 부정할 때는 '不', 과거를 부정할 때는 '没'
> 를 사용해요.
>
> ·
>
> 예 我不看书。 Wǒ bú kàn shū. 나는 책을 안 봐요.
> 　 我没看书。 Wǒ méi kàn shū. 나는 책을 보지 않았어요.

做作业 zuò zuòyè 숙제를 하다 | 衣服 yīfu 옷

목적어가 두 개인 동사술어문

두 개의 목적어를 가져야만 의미가 완전해지는 동사도 있는데, 목적어가 두 개라고 하여 이중목적어 동사라고 해요.

주어 + 술어(동사) + 간접목적어 + 직접목적어 。

他教我们汉语。

Tā jiāo wǒmen Hànyǔ.

그가 우리에게 중국어를 가르쳐요.

> 주로 '주다'라는
> 뜻의 동사가
> 술어로 쓰여요!

- -

她送我礼物。 그녀가 나에게 선물을 줘요.

Tā sòng wǒ lǐwù.

- -

我问老师问题。 내가 선생님께 질문을 해요.

Wǒ wèn lǎoshī wèntí.

- -

我还他书。 내가 그에게 책을 돌려줘요.

Wǒ huán tā shū.

- -

他借我钱。 그가 나에게 돈을 빌려줘요.

Tā jiè wǒ qián.

- -

 이러한 문장은 한국어로 옮길 때 첫 번째 목적어 뒤에는 '~에게'를, 두 번째 목적어 뒤에는 '~을/를'을 붙이면 자연스러워요!

礼物 lǐwù 선물 | 问题 wèntí 문제, 질문 | 还 huán 돌려주다 | 借 jiè 빌려주다

⭐3 대표적인 이중목적어 동사

教	jiāo	~에게 ~을/를 가르치다
找	zhǎo	~에게 ~을/를 거슬러주다 [거스름돈]
送	sòng	~에게 ~을/를 선물하다(증정하다)
还	huán	~에게 ~을/를 돌려주다
问	wèn	~에게 ~을/를 묻다
借	jiè	~에게 ~을/를 빌려주다
告诉	gàosu	~에게 ~을/를 알려주다
通知	tōngzhī	~에게 ~을/를 통지하다

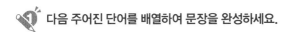

3 직접 만들어 확인하기

다음 주어진 단어를 배열하여 문장을 완성하세요.

❶ 他 / 学校 / 去 그가 학교에 가요.

_____

❷ 弟弟 / 作业 / 做 남동생이 숙제를 해요.

_____

❸ 我 / 他 / 还 / 书 내가 그에게 책을 돌려줘요.

_____

다음 문장에서 틀린 부분을 찾아 바르게 고쳐 쓰세요.

❶ 他走学校。 그는 학교에 가요.

_____

❷ 我问问老师问题。 내가 선생님께 질문을 해요.

_____

❸ 她送礼物我。 그녀가 나에게 선물을 줘요.

_____

내일도
할꺼징?

정답은 220쪽

Day 3 형용사술어문 알기

▌핵심 포인트 ✦☆

중국어로 '귀엽다'는 '可爱 kě'ài'로, '사랑스럽다'라는 의미를 담고 있어요. 동사 '可 kě'는 '~할 만하다'라는 뜻으로, '사랑하다'라는 뜻의 동사 '爱 ài' 와 함께 쓰여 형용사가 되었어요.

她很可爱。　그녀는 귀여워요.
Tā hěn kě'ài.

바로 이 문장이 형용사술어문이에요. 중국어에서 형용사술어문은 목적어 를 취할 수 없고, 정도부사(정도를 나타내는 부사)와 함께 쓴다는 점만 알아두 면 돼요.

2 문장으로 익히기

⭐ 형용사술어문

형용사가 술어가 되는 문장으로 주어의 성질이나 상태 등을 나타낼
때 사용해요.

주어 + **很**(정도부사) + 술어(형용사) 。

> 형용사가 술어가 되기
> 위해서는 반드시 정도부사를
> 써주어야 해요.

我很忙。 나는 바빠요.
Wǒ hěn máng.

我很饿。 나는 배고파요.
Wǒ hěn è.

他很帅。 그는 잘생겼어요.
Tā hěn shuài.

他很酷。 그는 멋져요.
Tā hěn kù.

我很高兴。 나는 기뻐요.
Wǒ hěn gāoxìng.

她很漂亮。 그녀는 예뻐요.
Tā hěn piàoliang.

Tip '很'은 중국어에서 가장 자주 쓰이는 정도부사로, 중국인은 습관처럼 붙여 쓰
는데, 형용사술어문에서는 본래의 의미인 '매우'라는 의미가 약해져요.

饿 è 배고프다 | 帅 shuài 멋지다 | 酷 kù 멋있다 [영어 'cool'을 음역한 말] |
高兴 gāoxìng 기쁘다

⭐2 정도부사

형용사술어문에 반드시 써야 하는 정도를 나타내는 부사로, 자주
사용하는 부사로는 '很', '更', '最', '太(…了)', '非常'이 있어요.

很
hěn

- 매우, 아주

  今天天气很好。 오늘 날씨가 좋아요.
  Jīntiān tiānqì hěn hǎo.

更
gèng

- 더, 더욱 [비교의 의미]

  我的书更新。 제 책이 더 새 거예요.
  Wǒ de shū gèng xīn.

最
zuì

- 가장 ~한 [최상급]

  这个苹果最大。 이 사과가 가장 커요.
  Zhège píngguǒ zuì dà.

太(…了)
tài(…le)

- 너무, 지나치게

  这件衣服太贵了。 이 옷은 너무 비싸요.
  Zhè jiàn yīfu tài guì le.

非常
fēicháng

- 대단히, 심히

  我妈妈非常美丽。
  Wǒ māma fēicháng měilì.
  우리 엄마는 매우 아름다우세요.

Tip 문장 내에서 형용사를 정도부사 없이 단독으로 술어로 쓰면, 비교나 대조의 의미!

· ·

例 这个好，那个不好。 이것은 좋고 저것은 안 좋아요.
Zhège hǎo, nàge bùhǎo.

男学生多，女学生少。 남학생은 많고 여학생은 적어요.
Nánxuéshēng duō, nǚxuéshēng shǎo.

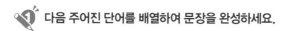

3 직접 만들어 확인하기 ⭐

1 다음 주어진 단어를 배열하여 문장을 완성하세요.

❶ 饿 / 很 / 我   나는 배고파요.

_____

❷ 非常 / 我妈妈 / 美丽   우리 엄마는 매우 아름다우세요.

_____

❸ 好 / 这个 / 不好 / 那个   이것은 좋고 저것은 안 좋아요.

_____

2 다음 문장에서 틀린 부분을 찾아 바르게 고쳐 쓰세요.

❶ 他帅。   그는 멋있어요.

_____

❷ 今天天气好很。   오늘 날씨가 좋아요.

_____

❸ 这件衣服大贵了。   이 옷은 너무 비싸요.

작심삼일
극복!

정답은 220쪽

첫 번째 작심삼일을 학습한 당신,
이 정도는 말할 수 있다!

★ 작심 회화 ★

A 今天星期三。我学习汉语。老师教我汉语。

오늘 수요일이라. 나는 중국어 공부해. 선생님이 (나에게) 중국어를 가르쳐주셔.

B 你的汉语老师很帅、很酷！

너희 중국어 선생님 정말 잘생기셨더라. 완전 멋져!

A 对，我喜欢汉语老师。我很高兴！

맞아, 나는 중국어 선생님이 좋아. 너무 즐거워!

하루 세끼는 잘만 먹으면서
삼일 마음 못 먹어?

기본 문장 끝내기 ②

기본 문장 끝내기 ②

이번 작심삼일에서는 술어에 따른 구분 중 마지막 문장 유형인 주술술어문과 회화의 기본인 의문문과 부정문을 살펴보기로 해요.

주술술어문은 '주어+술어'가 술어가 되는 문장으로 매우 유용한 문장 형식이어서 구어에서 많이 사용되지요. 한국어에도 있는 문장이니 한국어 어감을 활용하여 중국인처럼 자신 있게 써보세요!

 주술술어문 알기

 의문문 알기

 부정문 알기

주술술어문 알기

▌문법 이해하기 ✧

'코끼리는 코가 길다'는 문장을 영어로 번역해 볼까요?

An elephant has a long nose.

흔히, 중국어와 영어는 어순이 같아서 영어권 사람들이 중국어를 배우기 쉽다고 말해요. 그러나 천만의 말씀! 위의 문장만 보아도 영어는 '코끼리는 긴 코를 가졌다'라고 표현한 반면, 중국어는 다음과 같아요!

大象鼻子很长。 코끼리는 코가 길다.
Dàxiàng bízi hěn cháng.

앞에서 배운 형용사술어문이 술어로 사용된 주술술어문으로 한국어와 어순이 같지요. 이제, 한국어가 모국어인 우리가 중국어를 배우기에 좋은 조건을 가지고 있다는 자신감을 가지세요.

2 핵심 문법 알기 ✦

원어민 발음 듣기 2-1

⭐ **주술술어문**

술어가 '주어+술어'로 구성된 문장으로 사람이나 사물에 대해 설명 하거나 묘사할 때 사용해요. 주로 구어에서 많이 사용하지요.

 + 주어2 + 술어 。
주어1의 술어

> 주술술어문의 주어1은 문장에서 말하고자 하는 '화제(topic)', 주어2는 주어1의 일부분 또는 속성!

我头疼。 나는 머리가 아파요.
Wǒ tóu téng.

爸爸身体不太好。 아빠는 그다지 좋지 않으세요.
Bàba shēntǐ bú tài hǎo.

今天天气很好。 오늘은 날씨가 좋아요.
Jīntiān tiānqì hěn hǎo.

老李性格不好。 라오리는 성격이 안 좋아요.
Lǎo Lǐ xìnggé bù hǎo.

这个孩子个子很高。 이 아이는 키가 커요.
Zhège háizi gèzi hěn gāo.

> **Tip** 주술술어문의 주어1과 주어2 사이에 구조조사 '的'를 넣어 형용사술어문으로 만들 수 있는데, 이때 화제는 주어1에서 주어2로 이동해요!
>
> 예 **爸爸身体不太好。 → 爸爸的身体不太好。**
>
> 화제가 '爸爸'에서 '身体'로 이동!

大象 dàxiàng 코끼리 | **鼻子** bízi 코 | **头疼** tóu téng 머리가 아프다 | **性格** xìnggé 성격 | **个子** gèzi 키

☆2 주술술어문의 주어 1 = '화제(topic)'

중국어의 화제는 문장 맨 앞에 위치하는 성분으로, 주술술어문의 주어1도 마찬가지인데, 반드시 말하는 사람이나 듣는 사람이 모두 알고 있는 정보(old information)여야 해요.

> 这**本书**我很喜欢。　(O) 이 책은 내가 좋아해.
> ➡ 一本书我很喜欢。(×)

> 중국어에서는 명확하지 않은 정보를 화제로 삼을 수 없어요!

주어1(화제) + 주어2 + 술어 。
　　　　　　　주어1의 술어

这个电影我不喜欢。 이 영화는 내가 안 좋아해요.
Zhège diànyǐng wǒ bù xǐhuan.

这件事我不知道。 이 일은 내가 몰라요.
Zhè jiàn shì wǒ bù zhīdào.

这儿空气很好。 이곳은 공기가 좋아요.
Zhèr kōngqì hěn hǎo.

中国人口多，面积大。 중국은 인구가 많고, 면적이 넓어요.
Zhōngguó rénkǒu duō, miànjī dà.

我体重六十公斤，身高一米八(十)。
Wǒ tǐzhòng liùshí gōngjīn, shēngāo yì mǐ bā(shí).
나는 체중이 60kg이고, 키가 180cm예요.

电影 diànyǐng 영화 | 喜欢 xǐhuan 좋아하다 | 知道 zhīdào 알다 | 空气 kōngqì 공기 | 人口 rénkǒu 인구 | 面积 miànjī 면적 | 体重 tǐzhòng 체중 | 身高 shēngāo 키

3 직접 만들어 확인하기

✏️ **다음 주어진 단어를 배열하여 문장을 완성하세요.**

① 今天 / 好 / 天气 / 很   오늘은 날씨가 좋아요.

_____

② 这个孩子 / 高 / 很 / 个子   이 아이는 키가 커요.

_____

③ 这儿 / 很好 / 空气   이곳은 공기가 좋아요.

_____

🔊 **다음 문장을 중국어로 말해보세요.**

1
라오리는 성격이 안 좋아요.

2
아빠는 건강이 그다지 좋지 않으세요.

3
이 영화는 내가 안 좋아해요.

조금만
더 화이팅!

정답은 220쪽

의문문 알기

문법 이해하기

이번 작심삼일에서는 의문문 만드는 법을 살펴보아요. 묻고 답하기만 제대로 할 줄 알아도 중국인과 한 시간 이상 대화하는 것은 문제 없답니다!

★ **亲爱的，我们去吗?**　자기야, 우리 가는 거야?
Qīn'ài de, wǒmen qù ma?
➡ **'吗' 의문문**

★ **亲爱的，我们去哪儿?**　자기야, 우리 어디 가?
Qīn'ài de, wǒmen qù nǎr?
➡ **의문사의문문**

★ **亲爱的，我们去不去?**　자기야, 우리 가, 안 가?
Qīn'ài de, wǒmen qù bu qù?
➡ **정반의문문**

중국어에서 의문문의 종류는 위의 세 가지예요. 주의할 점은 의문문으로 말할 때 의문문 만드는 위의 세 가지 방법 중 반드시 하나만 사용해야 한다는 점이에요!

2 핵심 문법 알기 ✦

원어민 발음 듣기 2-2

⭐1 '吗' 의문문

중국어에서 가장 기본이 되는 의문문으로, 평서문의 어순과 똑같이 쓰고 문장 맨 끝에 의문조사 '吗'만 붙이면 끝! 살짝 올라가는 어조로 묻는다면 완벽해요!

평서문 + 吗 ?

你三岁吗? 너 세 살이니?
Nǐ sān suì ma?

- -

你去学校吗? 당신 학교에 가요?
Nǐ qù xuéxiào ma?

- -

你饿吗? 당신 배고파요?
Nǐ è ma?

- -

他个子高吗? 그 사람 키가 커요?
Tā gèzi gāo ma?

- -

亲爱的 qīn'ài de 자기야, 달링~ | 岁 suì 세, 살 [나이를 세는 단위] | 学校 xuéxiào 학교

⭐ 의문사 의문문

모르는 부분을 알맞은 의문사로 대체하여 묻는 의문문이에요. 우리 말의 육하원칙과 영어의 5W1H를 떠올려 보세요.

언제(when) **什么时候**	我们什么时候见? 우리는 언제 만나요? Wǒmen shénme shíhou jiàn?
어디, 어느 곳(where) **哪儿(=哪里)**	洗手间在哪儿? 화장실이 어디예요? Xǐshǒujiān zài nǎr?
누가(who) **谁**	谁来? 누가 와요? Shéi lái?
무엇을(what) **什么**	这是什么? 이게 뭐예요? Zhè shì shénme?
✱ 어떻게(how) **怎么**	你怎么走? 당신은 어떻게 가요? Nǐ zěnme zǒu?
왜(why) **为什么**	他为什么不来? 그는 왜 안 와요? Tā wèishénme bù lái?

부정문은 **52쪽 참고** ▶

 Tip 의문사 '怎么'의 두 가지 의미

✓ 怎么 how + 동사 동사의 방법을 묻는 '怎么 how'	你怎么走? 당신 어떻게 가요? Nǐ zěnme zǒu?
✓ 怎么 why + ★부사 + 동사 이유를 묻는 '怎么 why'	你怎么不走? 당신 왜 안 가요? Nǐ zěnme bù zǒu?

● 그 밖의 의문사

几
얼마, 몇

● 10 미만의 수를 물을 때

现在几点? 지금 몇 시예요?
Xiànzài jǐ diǎn?

多少
얼마, 몇

● 10 이상의 비교적 큰 수를 물을 때

这个多少钱? 이거 얼마예요?
Zhège duōshao qián?

哪
어느

● 영어의 'which(어느 것)'에 해당

你是哪国人? 당신은 어느 나라 사람이에요?
Nǐ shì nǎ guó rén?

怎么样
어떠하다

● 술어 자리에 위치하여 상대방에게 의견을 묻거나
제안할 때

天气怎么样? 날씨가 어때요?
Tiānqì zěnmeyàng?

Tip 선택의문문 'A还是B'

선택의문문에서는 주어진 A, B 중 반드시 하나를 선택해야 해요. 즉, 엄마가
'你吃面包还是吃饭? Nǐ chī miànbāo háishi chīfàn? (빵 먹을래, 밥 먹을
래?)'이라고 물으시는데, '吃方便面。Chī fāngbiànmiàn. (라면 먹을래요.)'
이라고 대답한다면 한 대 맞을 수도 있지요!

见 jiàn 만나다 | 洗手间 xǐshǒujiān 화장실 | 在 zài ~에 있다 | 来 lái 오다 |
点 diǎn 시 [시간을 나타낼 때] | 国 guó 나라 | 面包 miànbāo 빵 | 方便面
fāngbiànmiàn 라면

⭐ 정반의문문

긍정과 부정을 번갈아 사용하여 묻는 의문문으로, 문장 내의 술어인 동사나 형용사를 한 번씩 긍정하고 부정하여 사용하지요. 명사술어문은 동사 '是'를 빌려와서 '是'자문으로 묻게 됩니다.

你是不是三岁? 너는 세 살이니, 아니니?
Nǐ shì bu shì sān suì?

- -

你去不去学校? 당신은 학교에 가요, 안 가요?
Nǐ qù bu qù xuéxiào?

- -

你饿不饿? 당신은 배고파요, 안 고파요?
Nǐ è bu è?

- -

他个子高不高? 그는 키가 큰가요, 안 큰가요?
Tā gèzi gāo bu gāo?

- -

 상황에 따라 달리 써야 하는 의문문!

✓ 질문자가 어느 정도 답을 예측한 상황에서 : **'吗' 의문문**
✓ 전혀 모르는 상황에서 : **의문사의문문**
✓ 예측한 것은 아니지만 답의 범위를 설정한 상태에서 : **정반의문문**
✓ 두 가지 중에 한 가지를 선택하게 할 때 : **선택의문문**

3 직접 만들어 확인하기 ✧✧

✐1 다음 제시된 방법으로 의문문을 만들어 보세요.

❶ 당신은 학교에 가요? ('吗' 의문문)

_____

❷ 이게 뭐예요? (의문사의문문)

_____

❸ 당신은 학교에 가요, 안 가요? (정반의문문)

_____

❹ 당신은 빵 먹을래요, 밥 먹을래요? (선택의문문)

_____

✐2 다음 빈칸에 알맞은 의문사를 넣어보세요

❶ 他 ☐ 不来? 그는 왜 안 와요?

❷ 我们 ☐ 见? 우리는 언제 만나요?

❸ 这个 ☐ 钱? 이거 얼마예요?

내일도 할꺼징?

정답은 220쪽

부정문 알기

┃ 핵심 포인트 ✦

우리는 흔히 '안 하는 것과 못 하는 것은 다르다'고 말해요. 안 하는 것은 하고 싶지 않은 경우이고, 못하는 것은 상황이나 능력이 되지 않는 경우이지요. 이처럼 우리말의 부정부사는 '안'과 '못'으로 나뉘는 반면, 중국어는 '안 하는 경우'와 '아직 하지 않은 경우'로 구분해요.

저녁에 집에 들어가니 엄마가 '你吃饭了吗? (밥 먹었어?)'라고 물으시네요. 중국어의 양대 부정부사를 사용해 대답해 볼까요?

---

a 我不吃。 안 먹어요.
Wǒ bù chī.

b 我没吃。 안 먹었어요.
Wǒ méi chī.

---

a의 경우, 밥을 안 먹으며 앞으로도 안 먹겠다는 '吃(먹다)'라는 행위를 하지 않겠다는 주어의 의지를 나타내고, b의 경우 아직 먹지 않았다는 객관적 사실을 말해줘요. 즉, a는 다이어트를 하는 딸이고, b는 배고픈 딸이 대답한 것이지요. 하하하!

2 문장으로 익히기 ✨

⭐ '不' 부정문

'不'는 과거, 현재, 미래에 모두 사용 가능한 부정부사로, 주로 주관적인 부정에 사용해요.

주어 **+** **不** **+** 술어 。

> '안 ~한다'
> '~하지 않겠다'의 뜻
> [주어의 의지를 부정]

我不吃饭。 나는 밥을 안 먹어요.
Wǒ bù chīfàn.

→ 不+동작동사

明天他不来。 그는 내일 안 와요.
Míngtiān tā bù lái.

> '~이 아니다', '~지 않(는)다'의 뜻
> [말하는 이의 생각이나 느낌,
> 판단 또는 현재의 성질이나
> 상태를 부정]

我不认识她。 나는 그녀를 몰라요.
Wǒ bú rènshi tā.

→ 不+비동작동사/
형용사

她不忙。 그녀는 바쁘지 않아요.
Tā bù máng.

他经常不吃饭。
Tā jīngcháng bù chīfàn.
그는 자주 밥을 안 먹어요.

자주 일어나는
일이나 습관의
부정

他不吃猪肉。 그는 돼지고기를 안 먹어요.
Tā bù chī zhūròu. [→ 원래 안 먹는 경우]

他不是中国人。 그는 중국인이 아니에요.
Tā bú shì Zhōngguórén.

不+是 ◄

> 판단동사 '是'는
> '不'로 부정!

明天 míngtiān 내일 | 认识 rènshi 알다, 인식하다 | 经常 jīngcháng 자주 |
猪肉 zhūròu 돼지고기

⭐ ❷ '没' 부정문

'没'는 과거와 현재에 사용 가능한 부정부사로, 주로 객관적 사실에 대한 부정에 사용해요. '没有'에서 '有'를 생략하고 '没'를 주로 씁니다.

주어 **+** 没(有) **+** 술어 。

他没(有)来。 그는 오지 않았어요.
Tā méi(yǒu) lái.

我没(有)吃早饭。 나는 아침밥을 안 먹었어요.
Wǒ méi(yǒu) chī zǎofàn.

미발생

他没(有)女朋友。 그는 여자친구가 없어요.
Tā méi(yǒu) nǚpéngyou.

他还没(有)来。 그는 아직 오지 않았어요.
Tā hái méi(yǒu) lái.

미완료

衣服还没(有)干。 옷이 아직 안 말랐어요.
Yīfu hái méi(yǒu) gān.

Tip 부정부사 '别 bié

금지형 명령문에 사용되어 '~하지 마'의 뜻으로 '不要 búyào'와 바꿔 쓸 수 있어요!

예 别走! Bié zǒu! 가지 마!
别担心! Bié dānxīn! 걱정하지 마!

早饭 zǎofàn 아침밥 | 女朋友 nǚpéngyou 여자친구 | 还 hái 아직 | 衣服 yīfu 옷 | 干 gān 마르다 | 担心 dānxīn 걱정하다

3 직접 만들어 확인하기 ✦

✏️ **다음 주어진 단어를 배열하여 문장을 완성하세요.**

① 早饭 / 我 / 吃 / 没   나는 아침밥을 안 먹었어요.

_____

② 没 / 他 / 还 / 来   그는 아직 오지 않았어요.

_____

③ 不 / 猪肉 / 他 / 吃   그는 돼지고기를 안 먹어요.

_____

✏️ **다음 빈칸에 알맞은 부정부사를 넣어보세요.**

① 衣服还 [   ] 干。   옷이 아직 안 말랐어요.

② 明天他 [   ] 来。   그는 내일 안 와요.

③ 我 [   ] 吃早饭。   나는 아침밥을 안 먹었어요.

④ [   ] 担心。   걱정하지 마세요.

작심삼일
극복!

정답은 220쪽 ➡

두 번째 작심삼일을 학습한 당신, 이 정도는 말할 수 있다!

★ **작심 회화** ★

🅐 我很饿。我很忙，还没吃晚饭。
나 배고파. 바빠서, 아직 저녁 안 먹었어.

🅑 你要吃什么菜？我请客！
너 뭐 먹고 싶어? 내가 쏠게!

🅐 我不吃猪肉，喜欢吃牛肉。
난 돼지고기 안 먹어, 소고기를 좋아해.

🅑 我已经吃晚饭了，你吃吧。
난 벌써 저녁 먹었어, 너 먹어.

晚饭 wǎnfàn 저녁밥 | 要 yào ~하고 싶다, ~하기를 원하다 [조동사] | 菜 cài 요리 |
请客 qǐngkè 한턱내다

공부한다고 기분이 저기압 되었다면
이제 고기 앞으로 가라!

명사성 성분 끝내기

말 못 할 비밀

명사성 성분 끝내기

이번 작심삼일에서는 명사성 성분을 끝내봐요! 비교적 간단하지만, 우리말과 다른 점은 꼭 짚고 넘어가야 하겠지요. **명사와 대명사, 그리고 수사와 양사는 서로에게 둘도 없는 짝꿍**이에요. 간단히 표로 살펴보면 다음과 같아요.

명사	사람이나 사물을 지칭하는 말	人, 学校, 苹果…
대명사	명사를 대신하여 사용하는 말	我, 他, 什么…
수사	숫자, 개수를 일컫는 말	零, 一, 二…
양사	개수를 세는 말	个, 本, 次…

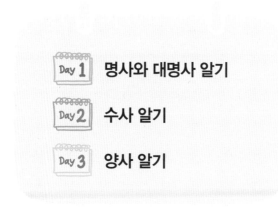

Day 1 **명사와 대명사 알기**

Day 2 **수사 알기**

Day 3 **양사 알기**

Day 1 **명사와 대명사 알기**

┃ 문법 이해하기 ✧✧

김춘수의 〈꽃〉 중 한 구절인데, 이름에 대한 시적 정의가 아주 근사해요.

내가 그의 이름을 불러 주었을 때
当我呼唤它的名字时
Dāng wǒ hūhuàn tā de míngzi shí

그는 나에게로 와서
它来到我身旁
Tā láidào wǒ shēnpáng

꽃이 되었다
成为了一朵花
Chéngwéi le yì duǒ huā

사람이나 사물의 존재는 이름에서 시작돼요. 이름이 없다면 그 사람이나 사물의 존재를 증명할 수가 없어요. 사물의 이름이 바로 '명사'예요. 사람이나 사물의 이름을 대신 나타내는 말이 '대명사'이지요.

2 핵심 문법 알기 ✩

원어민 발음 듣기 3-1

⭐ 중국어의 명사

중국어에는 사람이나 사물의 이름뿐만 아니라 장소, 방위, 시간을 나타내는 명사도 있어요. 우선, 명사의 종류를 한번 살펴볼까요?

일반명사

手 shǒu 손   **空气** kōngqì 공기   **学生** xuésheng 학생
水 shuǐ 물   **自行车** zìxíngchē 자전거 …

고유명사

中国 Zhōngguó 중국   **北京** Běijīng 베이징
长城 Chángchéng 만리장성   **小李** Xiǎo Lǐ 샤오리 …

장소명사

学校 xuéxiào 학교   **门口** ménkǒu 입구   **公司** gōngsī 회사
这里 zhèli 여기   **那儿** nàr 저기 …

방위명사

东 dōng 동쪽   **南** nán 남쪽   **西** xī 서쪽
北 běi 북쪽   **上** shàng 위쪽   **下** xià 아래쪽 …

시간명사

一月 yī yuè 1월   **明天** míngtiān 내일   **春天** chūntiān 봄
下午 xiàwǔ 오후   **星期一** xīngqīyī 월요일 …

추상명사

学习 xuéxí 학습   **文化** wénhuà 문화   **印象** yìnxiàng 인상
水平 shuǐpíng 수준 …

명사의 주요 쓰임

첫째 명사는 주로 주어와 목적어로 사용돼요!

둘째 명사는 다른 명사를 수식하는 관형어가 될 수 있어요. 이 경우, '명사＋的＋명사' 구조를 이루기도 하지요.

　📗 他的书 그의 책

셋째 시간명사는 주어 앞 또는 뒤에 쓰여 부사어처럼 전체 문장을 수식할 수 있어요!

　📗 今天我不去。 오늘 나는 안 가요.

　　他昨天没来这里。 그는 어제 여기 오지 않았어요.

넷째 명사의 중첩은 예외가 없는 모든 구성원을 지칭하며, 전체 속의 개체를 강조하는 의미예요.

　📗 人人都喜欢他。 모든 사람이 다 그를 좋아해요.

　　他事事关心。 그는 모든 일에 관심을 가져요.

Tip 혈연관계 및 소속 등을 나타낼 때에는 '的'를 쓰지 않아요!

　📗 我妈妈 wǒ māma 우리 엄마

　　你爸爸 nǐ bàba 너희 아빠

人人 rénrén 누구나, 모든 사람 | 都 dōu 모두, 다 | 事事 shìshì 모든 일, 만사 | 关心 guānxīn 관심을 갖다

 **인칭대명사**

이제 대명사의 대표 주자, 인칭대명사를 살펴볼게요.

인칭대명사	
단수	복수
我 wǒ	**我们** wǒmen / **咱们** ❋ zánmen
你 nǐ / **您** nín	**你们** nǐmen
他 / **她** / **它** tā	**他们** / **她们** / **它们** tāmen

'你'에 마음(心)을 더한 '您'은
상대방에 대한 존경을 나타내는 존칭!
['您们'은 사용하지 않아요!]

'…们 men'은 복수를 나타내는 접미사!
예) 同学们 급우들, 朋友们 친구들

 咱们 zánmen

말하는 이와 듣는 이를 모두 포함하는 '우리'라는 말로, 그 자리에 있는 사람
중 제외되는 사람이 없는 경우에 사용해요. 따라서 '我们走吧。Wǒmen zǒu
ba.'는 함께 가지 않는 사람이 있을 수 있지만, '咱们走吧。Zánmen zǒu ba.'
는 모두 함께 갈 때만 말할 수 있어요.

⭐ 지시대명사

가리키는 말로, 한국어에서는 나에게 가까운 것은 '이', 먼 것은 '그', 나와 너 모두에게 먼 것은 '저'를 사용해 가리키지요. 반면, 중국어는 나에게 가까운 것은 '这', 먼 것은 무조건 '那'로 지칭해요.

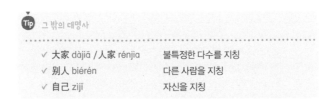

지시대명사	
이 **这** zhè	그, 저 **那** nà
이곳 **这儿** zhèr / **这里** zhèli	그곳, 저곳 **那儿** nàr / **那里** nàli

'这', '那'에 '…儿' 또는 '里'를 붙여주면 장소를 가리키는 말이 돼요!

Tip 그 밖의 대명사
....

✓ 大家 dàjiā / 人家 rénjia   불특정한 다수를 지칭
✓ 别人 biérén   다른 사람을 지칭
✓ 自己 zìjǐ   자신을 지칭

首都 Shǒudū 수도 | 自行车 zìxíngchē 자전거

다음 문장에서 틀린 부분을 찾아 바르게 고쳐 쓰세요.

❶ 我不吃饭今天。 오늘 나는 밥을 안 먹었어요.

_____

❷ 我有三个朋友们。 나는 친구가 세 명 있어요.

_____

❸ 他是中国人，咱们是韩国人。
그는 중국인이고, 우리는 한국인이에요.

_____

다음 빈칸에 알맞은 말을 넣어보세요.

❶ [　　　　　　] 是中国的首都。
베이징은 중국의 수도예요.

❷ 我们学校在 [　　　　　　] 。
우리 학교가 이곳에 있어요.

❸ [　　　　　　] 是我的自行车。
그것은 내 자전거예요.

조금만
더 화이팅!

정답은 221쪽

수사 알기

▌ 문법 이해하기 ✦

우리는 '3시 3분'을 '세시 삼분'이라고 읽어요. 아무도 '삼시 삼분' 또는 '세시 세분'이라고 읽지 않아요. 중국인 친구가 왜 그러냐고 물었는데, '그냥 외워!'라고 대답할 수밖에 없었어요.

지금은 세시 삼분이야.
现在三点(零)三分。
Xiànzài sān diǎn (líng) sān fēn.

이렇듯 중국어로 시간은 우리와 비슷하게 숫자에 '点 diǎn'과 '分 fēn'을 붙여 읽으면 돼요. 차이점이 있다면 중국어에서는 십분 미만인 시간에는 혼동을 피하기 위해 숫자 앞에 숫자 0을 나타내는 '零 líng'을 붙여요. 그러나 생략하는 경우도 많지요.

⭐ 수사와 숫자 읽기

중국어의 수사는 바로 '숫자'를 말해요. 정수와 서수, 소수, 분수, 백분율 등 각각의 읽는 법이 달라요!

첫째 **정수 : '숫자＋자릿수'로 읽어요!**

> **Tip** 두 자릿수까지는 한국어와 같아요. 예를 들면, '23'은 한국어로 '이십삼', 중국어로 '二十三'으로 읽어요. 어렵지 않지요?

***한국어와 다른 점!**
① 달라지는 것은 세 자릿수(100단위)부터
② 맨 앞자리가 '1'일 경우 '一'를 써야 해요.
③ 빈 자릿수에는 '零'을 꼭 써야 해요. 단, 두 자릿수 이상이 비어 있어도 '零'은 한 번만 써요.
④ '0'으로 끝나는 경우, 마지막 자릿수는 생략 가능해요.

숫자	한국어	중국어
10	십	**十** shí
100	백	**一百** yī bǎi
101	백 일	**一百零一** yī bǎi líng yī
110	백 십	**一百一(十)** yī bǎi yī(shí)
1001	천 일	**一千零一** yī qiān líng yī
1010	천 십	**一千零一十** yī qiān líng yī shí

둘째 소수점 : '点', 이하는 하나씩 낱개로 읽어요!

예 0.8 零点八　3.14 三点一四

셋째 분수 : '분모+分之+분자'로 읽어요!

예 $\frac{3}{4}$ 四分之三　$\frac{5}{8}$ 八分之五

넷째 백분율(%) : '百分之(백분의 몇)+숫자'로 읽어요!

예 40% 百分之四十　75% 百分之七十五

다섯째 서수 : 숫자 앞에 '第'를 붙여서 읽어요!

예 제1과 第一课　1등 第一名

Tip 중국인이 좋아하는 숫자는 바로 '6', '8', '9'!

이유는 모두 동음이의 한자 때문인데요! '六 liù'는 '순조롭다'는 뜻의 '流 liú'와 발음이 비슷하고, '八 bā'는 '돈을 벌다'라는 단어 '发财 fācái'의 'fā'와, '九 jiǔ'는 '영원하다'는 단어 '永久 yǒngjiǔ'의 'jiǔ'와 발음이 비슷하기 때문이라고 해요!
오죽하면, 베이징 올림픽을 2008년 8월 8일 8시에 개막했을까요!

연습 중국인이 가장 좋아하는 숫자 '8'을 예로 들어, 숫자 읽기 연습하기!

88	808	880	8008	8080	8800
八十八	八百零八	八百八(十)	八千零八	八千零八十	八千八(百)

 **숫자 '2' 읽기**

중국어의 숫자 읽기에서는 '2'를 주의해야 해요! **기본적으로 숫자를 셀 때는 '二'을 쓰고, 양사와 함께 나오는 경우에는 '两'을 사용**해요. 그리고 **100단위 수부터는 '两'을 써요.** 100단위에서는 '二'도 가능!

2	12	20	200	2,000	20,000
二	十二	二十	二百 / 两百	两千	两万

⭐ 고유번호 읽기

중국어에서 숫자를 나열하여 고유번호가 되는 수에는 '号码'를 붙일 수 있어요. 예를 들면, '전화번호(电话号码)', '휴대전화번호(手机号码)', '방번호(房间号码)' 등은 숫자를 하나씩 읽어요.

예 **我的手机号码是01012345678。**
Wǒ de shǒujī hàomǎ shì líng yāo líng yāo èr sān sì wǔ liù qī bā.
내 번호는 010-1234-5678이에요.

他的房间号码是401号。 그의 방 번호는 401호예요.
Tā de fángjiān hàomǎ shì sì líng yāo hào.

> 주의할 것은
> '一 yī'를
> '幺 yāo'로
> 발음해야 해요!

电话 diànhuà 전화 | **手机** shǒujī 휴대전화 | **号码** hàomǎ 번호 | **房间** fángjiān 방

화폐 읽기

중국의 화폐는 위안화(CNY)예요. **인민폐/런민삐(人民币)**라고 부르며, 중국에서는 상품 가격을 표시할 때 RMB라고 표기해요.

	1	>	0.1	>	0.01
글말	**元** yuán	>	**角** jiǎo	>	**分** fēn
입말	**块** kuài	>	**毛** máo	>	**分** fēn

'위안(元)'보다 더 작은 단위는 '마오(毛)'로, 현재 5마오(毛), 1마오(毛)만 사용되고 있으며 '펀(分)'은 거의 사용하지 않아요.

말할 때는
'块'와 '毛'를!

Tip 중국에서는 물건 가격을 말할 때 주로 명사술어문을 사용해요. 첫 번째 작심삼일에서 배웠던 명사술어문 기억하지요?

....

例 这件衣服三十块钱。 이 옷은 30위안이에요.
Zhè jiàn yīfu sānshí kuài qián.

那本书十六块钱。 저 책은 16위안이에요.
Nà běn shū shíliù kuài qián.

✎ 다음 중국어를 숫자로 옮겨보세요.

❶ 两百二 ⟹ [　　　　]

❷ 零点六五 ⟹ [　　　　]

❸ 百分之三十五 ⟹ [　　　　]

🔊 다음을 중국어로 말해보세요.

1
1100

2
세 번째

3
10.5元

4
0.35

내일도
할꺼징?

정답은 221쪽

양사 알기

▮ 핵심 포인트 ✧✧

중국어는 양사가 매우 발달한 언어예요. 양사는 수를 세는 단위를 나타내는 말로 명사마다 양사가 따로 있지요. 이처럼 양사가 다양한 이유는 음은 같지만 뜻이 다른 한자가 많기 때문이에요.

중국어로 책과 나무는 모두 'shu'로 읽어요. 두 한자의 성조는 다르지만, 발음 자체만으로는 구분이 안 돼요. 그러나 양사와 함께 읽으면 책은 책이 되고, 나무는 나무가 되어 헷갈릴 수가 없어요.

书 shū ➡ **一本书** 책 한 권

树 shù ➡ **一棵树** 나무 한 그루

중국어의 양사는 매우 방대하지만 그나마 다행인 것은 명사에 해당하는 양사를 모른다면, 무조건 대표양사 '个 ge'를 쓰면 돼요.

2 문장으로 익히기

1 명량사

명사를 세는 양사로, 개수를 셀 수 있는 사람이나 사물에 써요.

양사	뜻	쓰임	대표 명사
个 ge	～개, ～명	대표양사	…人 rén 사람, …问题 wèntí 문제
条 tiáo	～줄기, ～벌(바지)	가늘고 긴 것을 셀 때	…路 lù 길, …裤子 kùzi 바지
张 zhāng	～장	면으로 된 것을 셀 때	…桌子 zhuōzi 탁자, …纸 zhǐ 종이
本 běn	～권	책을 셀 때	…书 shū 책, …词典 cídiǎn 사전
只 zhī	～마리	작은 짐승, 날짐승을 셀 때	…狗 gǒu 개, …鸡 jī 닭
件 jiàn	～건, ～벌	일이나 사건, 옷을 셀 때	…事情 shìqing 일, …衣服 yīfu 옷
双 shuāng	～쌍	쌍을 이루는 것을 셀 때	…袜子 wàzi 양말, …眼睛 yǎnjing 눈
对 duì	～커플	짝을 이루는 것을 셀 때	…情人 qíngrén 연인, …翅膀 chìbǎng 날개
套 tào	～세트	세트를 셀 때	…家具 jiājù 가구

Tip 각각의 명사에는 고유한 양사가 있으므로 중요한 양사는 명사와 함께 암기해 두는 것이 좋아요!

⭐ 명량사의 순서

명량사와 지시대명사가 함께 나오는 경우 **순서에 주의**해야 해요!

수사 + 양사 + 명사	지시대명사 + 수사 + 양사 + 명사
一个苹果	这(一)个苹果

수사 '一'는
자주 생략해요!

Tip 사람을 세는 양사 '个 ge', '位 wèi', '口 kǒu', '名 míng'

一个人 yí ge rén 한 사람	가장 일반적인 표현법
两位老师 liǎng wèi lǎoshī 선생님 두 분	높임의 의미, 존대의 표현법
四口人 sì kǒu rén 네 식구	가족, 식구를 셀 때
第一名 dì yī míng 1등	신분이나 순위를 나타낼 때

조금만
더 화이팅!

⭐ 동량사

동작의 횟수를 나타내는 양사로 동사 뒤에서 보어로 쓰여요.

양사	뜻	쓰임
次 cì	~번, ~차례	반복적으로 나타나는 동작을 셀 때
下 xià	~번	짧은 시간, 가벼운 동작을 셀 때
趟 tàng	~번, ~차례	왕복, 원점으로 돌아오는 동작을 셀 때
遍 biàn	~번, ~회	처음부터 끝까지 전 과정을 반복하는 동작을 셀 때
顿 dùn	~끼니, ~차례	식사, 꾸짖음, 욕 등의 동작을 셀 때
场 chǎng	~편, ~회	문화, 예술, 공연의 한 회를 셀 때

예 **汉语我每个星期学习两次。**
Hànyǔ wǒ měi ge xīngqī xuéxí liǎng cì.
중국어를 나는 매주 두 차례 공부해요.

中国她一年去三趟。 중국에 그녀는 일 년에 세 번 다녀와요.
Zhōngguó tā yì nián qù sān tàng.

每个星期 měi ge xīngqī 매주, 주마다 | 学习 xuéxí 공부하다 | 年 nián 해, 년

⭐ 동량사와 목적어의 순서

동량사와 목적어가 같이 나올 경우, 문장 순서에 주의해야 하는데,
특히 목적어가 어떤 명사냐에 따라 달라져요!

목적어	문장 순서
일반명사	S + V + 수사 + 동량사 + O
대명사	S + V + O + 수사 + 동량사
인명, 지명	S + V + 수사 + 동량사 + O / S + V + O + 수사 + 동량사

我一周做两次瑜伽。　　　　　　　　　　일반명사
Wǒ yì zhōu zuò liǎng cì yújiā.
나는 일주일에 요가를 두 번 해요.

我每天见他**两次**。　나는 매일 그를 두 번 만나요.　　대명사
Wǒ měitiān jiàn tā liǎng cì.

妈妈叫很多次小李。 / **妈妈叫**小李**很多次**。　　인명
Māma jiào hěn duō cì Xiǎo Lǐ. / Māma jiào Xiǎo Lǐ hěn duō cì.
엄마는 샤오리를 많이 불러요.

他一个月去一趟北京。 / **他一个月去**北京**一趟**。　지명
Tā yí ge yuè qù yí tàng Běijīng. / Tā yí ge yuè qù Běijīng yí tàng.
그는 베이징에 한 달에 한 번 다녀와요.

동량보어는 **171쪽 참고** ▶

周 zhōu 주, 요일 | 瑜伽 yújiā 요가 | 每天 měitiān 매일 | 叫 jiào 부르다

3 직접 만들어 확인하기

1 다음 빈칸에 알맞은 양사를 써보세요.

❶ 我买一 [   ] 裤子。

나는 바지를 한 벌 사요.

❷ 我借一 [   ] 书。

나는 책을 한 권 빌려요.

❸ 我每天见他两 [   ] 。

나는 매일 그를 두 번 만나요.

2 다음 문장에서 틀린 부분을 찾아 바르게 고쳐 쓰세요.

❶ 我看一书。 나는 책을 한 권 읽어요.

_____

❷ 妈妈叫很多次我。 엄마는 나를 많이 불러요.

_____

❸ 教室里有十只桌子。 교실에는 10개의 책상이 있어요.

_____

작심삼일
극복!

정답은 221쪽

세 번째 작심삼일을 학습한 당신,
이 정도는 말할 수 있다!

★ **작심 회화** ★

Ⓐ 我一周做两次瑜伽。瑜伽真好。
나는 일주일에 요가를 두 번 해. 요가 진짜 좋네.

Ⓑ 你为什么做运动？你不喜欢运动。
너 왜 운동해? 너 운동하는 것 안 좋아하잖아.

Ⓐ 我66尺寸不合适。
나 66사이즈가 안 맞아.

不不，健康非常重要。你也一起运动吧！
아니 아니, 건강이 제일 중요하니까. 너도 같이 운동하자!

尺寸 chǐcùn 사이즈, 치수 | 合适 héshì 적당하다, 알맞다 | 也 yě ~도, 또한 | 一起 yìqǐ 함께 | 运动 yùndòng 운동하다

하나를 보고 열을 알면 무당이다.
3일 공부하고 모른다고 실망하지 말자!

동사 끝내기

说实话，我喜欢他。
솔직히 말하면,
나 그 사람 좋아해.

헤헤헤~

꿈이라도 좋아

동사 끝내기

중국어에서 형용사와 구분되는 동사의 가장 큰 특징은 목적어를 취할 수 있다는 점이에요.

---

a 他笑。 그가 웃어요.

b 他笑你。 그가 당신을 비웃어요.

동사 '笑'가 a처럼 단독으로 쓰이면 '웃다'라는 뜻이지만, b처럼 목적어를 취하면 '비웃다'라는 뜻이 돼요. **같은 동 사라도 목적어가 있고 없음에 따라 뜻이 달라지니, 조심 해야 해요.** 이번 작심삼일에서는 일반 동사와 다른 특징 을 가진 주요 동사만 콕~ 찍어서 살펴볼게요.

 Day 1 심리동사·이합동사

 Day 2 '是'자문 알기

 Day 3 '有'자문 알기

심리동사·이합동사

【 문법 이해하기 ✦✦

저는 육식파라서, 채소보다는 고기를 좋아해요.

我喜欢肉。 나는 고기를 좋아해요.
Wǒ xǐhuan ròu.

한국어로는 전혀 어색하지 않지요? 그러나 중국인은 이 문장을 들으면, 제가 고기랑 연애 중이라고 생각할 수 있어요. 고기랑 매일 통화하고, 영화도 보러 간다고 말이지요! 그럼, 이런 경우 중국인은 어떻게 말할까요?

我喜欢吃肉。 나는 고기 먹는 것을 좋아해요.
Wǒ xǐhuan chī ròu.

사실, 저는 고기 먹는 것을 좋아하는 것이지, 고기와 감정을 주고 받으며 좋아하는 것은 아니니까요. 이처럼 중국어는 한국어에서는 표현되지 않는 부분까지 나타내어야 문법에 맞는 문장이 됩니다.

원어민 발음 듣기 4-1

⭐ 심리동사

생각이나 마음 속에서 일어나는 동작을 나타내는 동사를 말해요.

주어 + 술어(심리동사) + | 동사 + 목적어(일반명사) |。

他爱看电影。 그는 영화를 좋아해요.
Tā ài kàn diànyǐng.

> 일반명사가 오는 경우
> 목적어만으로 구체적인 동작이
> 드러나지 않으므로 반드시
> 알맞은 동사와 함께 써야 해요!

我很喜欢喝可乐。 나는 콜라를 좋아해요.
Wǒ hěn xǐhuan hē kělè.

我妈妈不喜欢做菜。 우리 엄마는 요리를 좋아하지 않으세요.
Wǒ māma bù xǐhuan zuò cài.

주어 + 술어(심리동사) + 목적어(사람) 。

说实话，我喜欢他。 사실대로 말하면, 나는 그를 좋아해요.
Shuō shíhuà, wǒ xǐhuan tā.

我女儿爱防弹少年团。 내 딸은 방탄소년단을 사랑해요.
Wǒ nǚ'er ài Fángdàn Shàoniántuán.

> 목적어로 사람을
> 지칭하는 명사나 대명사가
> 오는 경우에는 단독으로도
> 가능해요!

> **Tip** 심리동사의 특징 3가지!
> ················
> ✓ 부정은 '不'로만 한다!
> ✓ 목적어로 동사구를 취할 수 있다!
> ✓ 정도부사의 수식을 받을 수 있다!

可乐 kělè 콜라 | **说实话** shuō shíhuà 사실대로 말하다, 솔직히 말하다 |
防弹少年团 Fángdàn Shàoniántuán 방탄소년단 [한국의 아이돌 그룹 이름]

⭐2 이합동사 (离合动词)

이름처럼 '떨어졌다, 붙었다'하는 동사예요. 2음절로 구성된 이합동사는 '동사＋목적어'로 구성되어 있어서 뒤에 목적어가 올 때 제약이 있어요. 기본적으로 중국어의 동사는 목적어를 하나만 취할 수 있거든요!

> **a.** 我想见面他。　　(×)
>
> **b.** 我想见他的面。　(○)　➡ 목적어가 관형어로 변신!
>
> **c.** 我想跟他见面。　(○)　➡ 목적어가 개사구로 변신!

잠깐! 이합동사에 시태조사 '了 le', '着 zhe', '过 guo'가 오면 '동사＋목적어'를 분리하여 두 성분 사이에 위치시켜야 해요!

시태조사는 126쪽 참고

예 **聊了天** liáo le tiān　이야기했다

唱着歌 chàngzhe gē　노래를 부르고 있다

见过面 jiànguo miàn　만난 적이 있다

Tip **대표적인 이합동사**

> 한국어로 '을/를'을 넣어서 번역했을 때 자연스러우면 이합동사!

睡觉 shuìjiào 잠자다	毕业 bìyè 졸업하다
见面 jiànmiàn 만나다	帮忙 bāngmáng 돕다
唱歌 chànggē 노래 부르다	游泳 yóuyǒng 수영하다
谈话 tánhuà 대화하다	生气 shēngqì 화내다
跳舞 tiàowǔ 춤추다	散步 sànbù 산책하다
聊天 liáotiān 이야기하다	放假 fàngjià 방학하다
照相 zhàoxiàng 사진 찍다	上课 shàngkè 수업하다
上班 shàngbān 출근하다	打架 dǎjià 싸우다

3 직접 만들어 확인하기

✎ 다음 문장에서 틀린 부분을 찾아 바르게 고쳐 쓰세요.

❶ 他生气我了。 그는 나를 화나게 했어요.

_____

❷ 我今天见面他。 나는 오늘 그를 만나요.

_____

❸ 老师谈话我。 선생님은 나와 이야기를 해요.

_____

🔊 다음 문장을 중국어로 말해보세요.

1
그는 영화 보는 것을
좋아해요.

2
그는 나를
도와줘요.

3
나는 사진을 몇 장 찍
어요.

조금만
더 화이팅!

정답은 221쪽

'是'자문 알기

Day 2

문법 이해하기 ✦

중국어의 동사 '是 shì'는 영어의 be동사와 아주 많이 닮았어요. 그러나 영어는 인칭, 단수, 복수에 따라 형태가 각각 달라지지만, 중국어는 '是' 하나 뿐이에요. 외울 것이 하나라도 줄어서 다행이지요?

我是学生。 나는 학생이에요.
Wǒ shì xuésheng.

他是学生。 그는 학생이에요.
Tā shì xuésheng.

我们都是学生。 우리 모두는 학생이에요.
Wǒmen dōu shì xuésheng.

'是'가 술어로 사용되는 경우에는 주로 '판단'이나 '인정'을 나타내며, '존재' 나 '강조'를 나타낼 수도 있어요.

★① '是'자문

'A는 B이다'라는 뜻으로 'A=B'가 성립하는 경우에 사용하는 문장이에요.

我是韩国人。 나는 한국인이에요.
Wǒ shì Hánguórén.

- -

他是总经理。 그가 사장이에요.
Tā shì zǒngjīnglǐ.

- -

她是我的汉语老师。 그녀가 나의 중국어 선생님이에요.
Tā shì wǒ de Hànyǔ lǎoshī.

- -

这是我做的菜。 이것이 내가 만든 요리예요.
Zhè shì wǒ zuò de cài.

- -

我女儿是教汉语的。 내 딸은 중국어 선생이에요.
Wǒ nǚ'er shì jiāo Hànyǔ de.

- -

'동사 + 的'는 가리키는
사람이나 사물을 명사화해요!

总经理 zǒngjīnglǐ 총지배인, 사장 | 老师 lǎoshī 선생님 | 做菜 zuò cài 요리를 하다 | 女儿 nǚ'er 딸

⭐2 강조의 '是'자문

동사 '是'가 '강조'의 의미로 '확실히 ~이다'라는 뜻을 나타내는 경우, 일반적으로 '是…的' 구조를 사용해요.

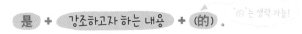

这是不可能的。 이건 정말 불가능해요.
Zhè shì bù kěnéng de.

- -

他是很聪明的。 그는 확실히 똑똑해요.
Tā shì hěn cōngmíng de.

- -

⭐3 존재를 나타내는 '是'자문

그 장소에 사람이나 사물이 존재하는 것은 알고 있으나 그것이 정확히 무엇인지 모르는 경우에 사용하지요.

> 장소 + 是 + 사람/사물 。

你家旁边是一个大商场吗?
Nǐ jiā pángbiān shì yí ge dàshāngchǎng ma?
당신의 집 옆에 큰 쇼핑센터가 있나요?

- -

A **书包里的是什么?** 책가방 안에 있는 것이 뭐예요?
　　Shūbāo lǐ de shì shénme?

B **书包里的是我的书。** 책가방 안에 있는 것은 제 책이에요.
　　Shūbāo lǐ de shì wǒ de shū.

- -

可能 kěnéng 가능하다 | **聪明** cōngmíng 똑똑하다 | **旁边** pángbiān 옆, 곁 |
商场 shāngchǎng 상가, 백화점

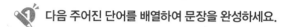

3 직접 만들어 확인하기

다음 주어진 단어를 배열하여 문장을 완성하세요.

❶ 是 / 不可能 / 这 / 的   이건 정말 불가능해요.

_____

❷ 这 / 我 / 是 / 做的菜   이것이 내가 만든 요리예요.

_____

❸ 我的 / 她 / 汉语老师 / 是   그녀가 나의 중국어 선생님이에요.

_____

다음 보기 중 빈칸에 알맞은 동사를 찾아 쓰세요.

> 是   有   在

❶ 他的照片 ☐ 我的钱包里。
그의 사진은 내 지갑 속에 있어요.

❷ 我的钱包里的 ☐ 他的照片。
내 지갑 속의 사진은 그의 사진이에요.

❸ 我的钱包里 ☐ 一张照片。
내 지갑 속에는 사진이 한 장 있어요.

내일도
할꺼징?

정답은 221쪽 ▶

'有'자문 알기

▮ 핵심 포인트 ✦✧

요즘 온 세상이 궁금하여 사방팔방 뛰어다니는 딸아이에게 가장 많이 하는 말은 '(너) 여기 있어'입니다.

你在这儿吧。 너 여기 있어.
Nǐ zài zhèr ba.

또, 딸이 늘 가지고 다니는 인형과 집 안 가득 채운 장난감을 보며 다음과 같이 말하지요.

这儿有你的娃娃。 여기 네 인형 있어.
Zhèr yǒu nǐ de wáwa.

这儿都是你的玩具。 여기 모두 네 장난감이네.
Zhèr dōu shì nǐ de wánjù.

이처럼, 중국어에서는 '있다'라는 의미를 '有 yǒu', '在 zài', '是 shì' 세 가지 동사로 나타내며, 이 동사들은 각각의 특징이 있어요.

2 문장으로 익히기

🌟 소유를 나타내는 '有'자문

동사 '有'가 술어인 문장을 말해요. 동사 '有'가 소유를 나타낼 때는 '~을 가지고 있다', '~이 있다'는 뜻이지요. 부정은 '没'로 하는 것, 기억하세요!

주어 **+** 有 **+** 목적어 。

我有苹果手机。　나는 아이폰이 있어요.
Wǒ yǒu Píngguǒ Shǒujī.

他有两个妹妹。　그는 여동생이 두 명 있어요.
Tā yǒu liǎng ge mèimei.

一天有二十四个小时。　하루는 24시간이에요.
Yì tiān yǒu èrshísì ge xiǎoshí.

他没有女朋友。　그는 여자친구가 없어요.
Tā méiyǒu nǚpéngyou.

> 부정은 '没有'로!
> '不有'는 안 돼요!

娃娃 wáwa 인형 | 玩具 wánjù 장난감 | 苹果手机 Píngguǒ shǒujī 아이폰 |
妹妹 mèimei 여동생 | 小时 xiǎoshí 시간

⭐ 존재를 나타내는 '有'자문

동사 '有'에는 '~에 ~이 있다'는 뜻도 있어 전달하고자 하는 새로운 정보가 존재하는 사람이나 사물인 경우 사용해요.

장소 **+** 有 **+** 사람/사물 。

家里有一只狗。 집에 개가 한 마리 있어요.
Jiā lǐ yǒu yì zhī gǒu.

学校里有图书馆。 학교에 도서관이 있어요.
Xuéxiào lǐ yǒu túshūguǎn.

> 일반명사에 '-上 shàng'
> 또는 '-里 lǐ' 등을 붙이면 장소를
> 가리키는 명사가 되요!

⭐ 존재를 나타내는 '在'자문

'사람이나 사물이 ~에 있다'는 뜻으로 전달하고자 하는 새로운 정보가 장소인 경우에 사용하지요.

사람/사물 **+** 在 **+** 장소 。

我在首尔。 나는 서울에 있어요.
Wǒ zài Shǒu'ěr.

牛奶在冰箱里。 우유는 냉장고 안에 있어요.
Niúnǎi zài bīngxiāng lǐ.

我的书在书包里。 내 책은 책가방 안에 있어요.
Wǒ de shū zài shūbāo lǐ.

狗 gǒu 개 | 图书馆 túshūguǎn 도서관 | 首尔 Shǒu'ěr 서울 | 牛奶 niúnǎi 우유 | 冰箱 bīngxiāng 냉장고 | 书包 shūbāo 책가방

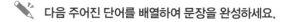

3 직접 만들어 확인하기

✎ 다음 주어진 단어를 배열하여 문장을 완성하세요.

① 牛奶 / 冰箱里 / 在   우유는 냉장고 안에 있어요.

_____

② 一天 / 二十四个 / 有 / 小时   하루는 24시간이에요.

_____

③ 他 / 两个 / 妹妹 / 有   그는 여동생 두 명이 있어요.

_____

🔊 다음 문장을 중국어로 말해보세요.

1

집에 개
한 마리가 있어요.

2

내 책은 책가방 안
에 있어요.

3

그는 여자친구가
없어요.

작심삼일
극복!

정답은 221쪽 ▶

네 번째 작심삼일을 학습한 당신, 이 정도는 말할 수 있다!

★ 작심 회화 ★

Ⓐ 听说老师爱看电影。他也喜欢喝可乐、吃爆米花吗?

듣자니 선생님이 영화 보는 거 좋아하신다던대, 콜라 마시고, 팝콘 먹는 것도 좋아할까?

听说他没有女朋友。说实话，我喜欢他。

선생님 여자친구도 없으시대. 솔직히 말하면, 나 선생님 좋아해.

Ⓑ 这是不可能的。我们是学生，他是老师!

이건 정말 불가능해. 우리는 학생이고, 그는 선생님이야!

别做梦了!

꿈 깨!

听说 tīngshuō 듣자하니 | 可乐 kělè 콜라 | 爆米花 bàomǐhuā 팝콘 | 做梦 zuòmèng 꿈꾸다

오늘은 어제 당신이
그토록 공부한다던 내일이다.

동사성 성분 끝내기

동사성 성분 끝내기

한 글자로 문장 전체의 의미나 분위기를 바꿔놓는 것들이 있어요. 기본 문장 성분이 아닌 수식 성분이지만 그것들의 힘은 꽤나 막강하지요. **부사, 조동사, 개사가 바로 그런 역할을 해요. 문장 내에서 술어를 꾸며주는 역할이지만, 그로 인해 전체 문장의 의미가 좌지우지돼요.**

이 부사, 조동사, 개사의 순서를 쉽게 기억하려면 '보조개'라는 단어를 기억하세요! 문장에서 항상 '**부사＋조동사＋개사(구)**' 순서로 나온다는 말이지요.

 부사 알기

 조동사 알기

 개사 알기

부사 알기

Day 1

1 문법 이해하기 ✦

부사는 중국어를 잘하기 위해서 반드시 정복해야 할 '에베레스트'라고 보면 돼요. 오르기 쉽지 않지만, 부사를 정복하면 다른 수식어는 물론 중국어의 가장 중요한 성분인 동사의 의미까지 자유자재로 활용할 수 있게 돼요. 중국어의 부사에는 우리말에는 없는 뉘앙스의 차이가 있거든요.

또 오세요. 再来吧。 Zài lái ba.

또 왔군요. 又来了。 Yòu lái le.

우리말에서는 동작의 반복을 나타내는 경우 부사 '또'를 사용합니다. 동작의 실현 여부에 관계없이 '오다'라는 행위가 반복됨을 나타내지요. 그러나 중국어에서는 아직 일어나지 않은 동작에는 '再'를, 이미 일어난 동작에는 '又'를 사용해요.

2 핵심 문법 알기 ✶

⭐ 부사

동사와 형용사를 수식하는 품사로 시간, 정도, 범위, 부정, 빈도, 상태, 어기 등의 의미를 나타내요.

주어 + 부사 + 술어 + 목적어 。

我马上回家。 저 금방 집에 갈게요.
Wǒ mǎshàng huíjiā.

今天有点儿冷。 오늘 조금 추워요.
Jīntiān yǒudiǎnr lěng.

这件衣服太贵了。 이 옷은 너무 비싸요.
Zhè jiàn yīfu tài guì le.

我们都是韩国人。 우리는 모두 한국인이에요.
Wǒmen dōu shì Hánguórén.

他们已经结婚了。 그들은 이미 결혼했어요.
Tāmen yǐjīng jiéhūn le.

你刚刚去哪儿了? 당신은 방금 어디 갔었어요?
Nǐ gānggāng qù nǎr le?

시태조사 '了'는 **126쪽 참고**

回家 huíjiā 귀가하다 | 贵 guì 비싸다 | 结婚 jiéhūn 결혼하다

● 자주 쓰는 부사

시간을 나타내는 부사

刚刚 gānggāng 막   已经 yǐjīng 이미
就 jiù 바로   才 cái 겨우
马上 mǎshàng 곧

정도를 나타내는 부사

很 hěn 매우   挺 tǐng 매우   太 tài 너무
非常 fēicháng 매우   十分 shífēn 매우
最 zuì 가장   有点儿 yǒudiǎnr 조금

범위를 제한하는 부사

都 dōu 모두   全 quán 전부   一共 yígòng 전부
一起 yìqǐ 함께   只 zhǐ 단지   就 jiù 바로
才 cái 겨우

부정을 나타내는 부사

不 bù ~안 ~   没 méi ~안 ~   别 bié ~하지 마라

빈도를 나타내는 부사

再 zài 다시   又 yòu 또   还 hái 다시
也 yě 또한   常常 chángcháng 자주
一直 yìzhí 계속

상태, 상황을 나타내는 부사

忽然 hūrán 갑자기   突然 tūrán 갑자기
居然 jūrán 뜻밖에   特别 tèbié 특별히
互相 hùxiāng 서로   本来 běnlái 본래

분위기, 말투를 나타내는 부사

多 duō(= 多么 duōme) 많이   真 zhēn 정말
却 què 오히려   一定 yídìng 반드시
到底 dàodǐ 도대체   也许 yěxǔ 아마도

⭐ 헷갈리는 부사 비교

就 vs 才

今天早上他就来了。
Jīntiān zǎoshang tā jiù lái le.
오늘 아침에 그가 벌써 왔어요.

곧, 바로, 벌써
[생각보다 이른 경우]

今天早上他才来了。
Jīntiān zǎoshang tā cái lái le.
오늘 아침에야 그가 비로소 왔어요.

겨우, 비로소
[생각보다 늦은 경우]

시태조사 '了'는 **126쪽 참고** ▶

马上 vs 刚刚

他马上回来。
Tā mǎshàng huílái.
그가 금방 돌아올 거예요.

금방, 곧
[马上 + 아직 일어나지 않은 동작]

他刚刚回来了。
Tā gānggāng huílái le.
그가 방금 돌아왔어요.

방금, 막
[刚刚 + 이미 일어난 동작]

> **Tip** 같은 뜻인 '刚才'는 부사가 아니라 명사! 따라서 주어 앞 또는 뒤에 모두 올 수 있어요.
>
> 剛 刚才你说什么? 방금 당신 뭐라고 했어요?
> Gāngcái nǐ shuō shénme?
>
> 我都忘了刚才的事。 나는 방금 전 일도 잊어버렸어요.
> Wǒ dōu wàng le gāngcái de shì.

早上 zǎoshang 아침 | 回来 huílái 돌아오다 | 刚才 gāngcái 지금 막, 방금 |
忘 wàng 잊다

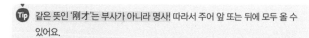

再 VS 又

请你再说一遍。
Qǐng nǐ zài shuō yí biàn.
다시 한 번 말씀해 주세요.

다시, 또
[再 + 아직 일어나지 않은 동작]
→ 미래 동작 반복

他又吃了一口。
Tā yòu chī le yì kǒu.
그는 한 입 또 먹었어요.

다시, 또
[又 + 이미 일어난 동작]
→ 과거 동작 반복

有点儿 VS 一点儿

今天有点儿热。 오늘 조금 덥네요.
Jīntiān yǒudiǎnr rè.

(부사) 조금, 약간
[부정적 어감 내포]

我身体有点儿不舒服。
Wǒ shēntǐ yǒudiǎnr bù shūfu.
나는 몸이 좀 안 좋아요.

今天(比昨天)冷一点儿。
Jīntiān (bǐ zuótiān) lěng yìdiǎnr.
오늘은 (어제보다) 조금 더 추워요.

(수량사) 조금, 약간
[비교의 의미,
명사를 수식함]

每天早上我吃一点儿(的)水果。
Měitiān zǎoshang Wǒ chī yìdiǎnr (de)
shuǐguǒ.
매일 아침 나는 과일을 조금 먹어요.

请 qǐng 청하다 | 一口 yì kǒu 한 입 | 热 rè 덥다 | 舒服 shūfu 편안하다 |
水果 shuǐguǒ 과일

3 직접 만들어 확인하기 ✦

1 다음 문장에서 틀린 부분을 찾아 바르게 고쳐 쓰세요.

❶ 今天早上他就来了。 오늘 아침에야 그가 비로소 왔어요.

_____

❷ 我身体一点儿不舒服。 나는 몸이 좀 안 좋아요.

_____

❸ 这件衣服很贵了。 이 옷은 너무 비싸요.

_____

2 빈칸에 들어갈 알맞은 단어를 골라 쓰세요.

❶ 请你 ☐ 说一遍。 (再 / 又)

다시 한 번 말씀해 주세요.

❷ 他 ☐ 回来了。 (刚刚 / 马上)

그는 방금 돌아왔어요.

❸ 今天(比昨天)冷 ☐ 。
(有点儿 / 一点儿)

오늘은 (어제보다) 조금 더 추워요.

조금만
더 화이팅!

정답은 222쪽

조동사 알기

문법 이해하기

우리나라에 '칭찬' 열풍을 불러일으킨 〈칭찬은 고래도 춤추게 한다〉는 책이 있었죠.

고래는 춤추고 싶다.   **鲸鱼想跳舞。**   Jīngyú xiǎng tiàowǔ.

고래가 춤추려고 한다.   **鲸鱼要跳舞。**   Jīngyú yào tiàowǔ.

고래는 춤출 수 있다.   **鲸鱼能跳舞。**   Jīngyú néng tiàowǔ.

고래는 춤출 줄 안다.   **鲸鱼会跳舞。**   Jīngyú huì tiàowǔ.

고래는 춤춰야만 한다.   **鲸鱼得跳舞。**   Jīngyú děi tiàowǔ.

'춤추다'라는 동사에 '~하고 싶다, ~하려고 한다, ~할 수 있다, ~할 줄 안다, ~해야만 한다'를 붙여 각각 의미가 다른 문장을 만들 수 있어요. 이렇듯 '동사를 도와주는 동사'라고 하여 '조동사(助动词)'라고 해요.

여담으로 중국에서 출판된 이 책의 제목은 '鲸鱼哲学(Jīngyú zhéxué, 고래 철학)'라고 해요. 우리말 번역자에게 박수를~!!

⭐ 조동사

동사를 도와주는 역할을 하며, 크게 '능력', '바람', '의무'를 나타낼 때 사용해요.

첫째 **동사가 반드시 필요해요! 조동사 단독으로 명사성 목적어를 취할 수 없으니까요!**

예 我应该作业。　　（×）
我应该做作业。　（○）　나는 숙제를 해야 해요.

둘째 **부정문은 조동사 앞에 부정부사 '不'를 붙여요. 단, '能'은 '没'를 사용해 '没能'으로 사용하기도 해요.**

예 我不会说汉语。　나는 중국어를 할 줄 몰라요.

我没能去北京。　나는 베이징에 갈 수 없었어요.

셋째 **대답의 경우, 조동사만 단독으로 사용할 수 있어요!**

예 Q 你会说汉语吗?　당신은 중국어를 말할 수 있어요?
A 会。/ 不会。할 수 있어요. / 할 수 없어요.

넷째 **조동사 뒤에는 시태조사 '了', '着', '过'가 올 수 없으며, 중첩형도 없어요.**

鲸鱼 jīngyú 고래 | 哲学 zhéxué 철학

2 '능력'이나 '허가'를 나타내는 조동사

会
hui

① ~할 수 있다 ② ~을 잘한다 [후천적, 학습]

我会说汉语。
Wǒ huì shuō Hànyǔ.
나는 중국어를 할 수 있어요. [→ 배워서]

他会喝酒。
Tā huì hē jiǔ.
그는 술을 마실 수 있어요. [→ 원래 못 마셨는데 배워서]

> 후천적으로 배워서
> 할 수 있는 경우나 어떤 일을
> 잘하는 경우에 사용

能
néng

① ~할 수 있다 ② (다시) ~할 수 있다 [선천적, 조건]

我能自己走路。
Wǒ néng zìjǐ zǒulù.
나는 혼자서 걸을 수 있어요. [→ 다리를 다쳤다가 나아서]

他能喝酒。
Tā néng hē jiǔ.
그는 술을 마실 수 있어요. [→ 주량이 세서]

> 선천적으로 능력을 가지고 있어
> 가능한 경우나 가지고 있던
> 능력의 회복에 사용

可以
kěyǐ

① ~할 수 있다 ② ~해도 좋다 [기준, 허가]

现在你可以回家了。 이제 집에 가도 돼요.
Xiànzài nǐ kěyǐ huíjiā le.

他可以喝酒。
Tā kěyǐ hē jiǔ.
그는 술을 마실 수 있어요. [→ 성년이 되어서]

> 허가나 허락을
> 나타낼 때 사용

 Tip 실현 가능성이나 추측의 '会'

'아마 ~일 것이다'는 뜻으로, 확정적 어기를 위해 문장 끝에 '的'를 붙이기도 하지요. 이때 '的'는 생략이 가능해요!

例 今天会下雨(的)。 오늘 비가 올 거예요.
Jīntiān huì xiàyǔ (de).

他今天不会来(的)。 그는 오늘 안 올 거예요.
Tā jīntiān búhuì lái (de).

⭐ '바람'이나 '의지'를 나타내는 조동사

想
xiǎng

• ~하고 싶다 [바람]

我想去中国。 나는 중국에 가고 싶어요.
Wǒ xiǎng qù Zhōngguó.

你想看电影吗? 당신은 영화를 보고 싶어요?
Nǐ xiǎng kàn diànyǐng ma?

愿意
yuànyì

• ~하길 원하다 [원함]

我愿意去中国。 나는 중국에 가길 원해요.
Wǒ yuànyì qù Zhōngguó.

你愿意看电影吗? 당신은 영화를 보길 원해요?
Nǐ yuànyì kàn diànyǐng ma?

要
yào

• ~하려고 하다, ~하고자 하다 [의지]

我要去中国。 나는 중국에 가려고 해요.
Wǒ yào qù Zhōngguó.

你要看电影吗? 당신은 영화를 보려고 해요?
Nǐ yào kàn diànyǐng ma?

부정

我不想去中国。 나는 중국에 가고 싶지 않아요.
Wǒ bù xiǎng qù Zhōngguó.

이 조동사들의 부정형은 일반적으로 '不想'을 써요!

> **Tip** '不要'는 '~하지 마라'의 뜻으로 금지형 명령문이에요. '別 + 동사'와 같은 뜻!

> 📋 **不要忘记! = 別忘记!** 잊지 마세요!
> Búyào wàngjì! = Bié wàngjì!
>
> **不要大声说话。= 別大声说话。** 큰 소리로 말하지 마.
> Búyào dàshēng shuōhuà. = Bié dàshēngshuōhuà.

喝酒 hējiǔ 술을 마시다 | **走路** zǒulù 걷다 | **下雨** xiàyǔ 비가 내리다 | **忘记** wàngjì 잊어버리다 | **大声** dàshēng 큰 소리

④ '의무'나 '필요'를 나타내는 조동사

要
yào

- (자발적으로) ~해야 한다

我们要努力学习。 우리는 열심히 공부해야 해요.
Wǒmen yào nǔlì xuéxí.

你要注意身体。 당신은 건강에 주의해야 해요.
Nǐ yào zhùyì shēntǐ.

应该
yīnggāi

- (도리상) 마땅히 ~해야만 하다

学生应该努力学习。
Xuésheng yīnggāi nǔlì xuéxí.
학생은 마땅히 열심히 공부해야 해요.

这件事应该告诉他。 이 일은 그에게 알려야 해요.
Zhè jiàn shì yīnggāi gàosu tā.

得
děi

- (의무상) ~해야 한다 [구어에 많이 쓰임]

学生得做作业。 학생은 공부를 해야 해요.
Xuésheng děi zuò zuòyè.

以后得小心点儿。 앞으로 좀 조심해야 해요.
Yǐhòu děi xiǎoxīn diǎnr.

부정

你不应该跟他吵架。 ◄
Nǐ bù yīnggāi gēn tā chǎojià.
당신은 그와 다투어서는 안 돼요.

> 이 조동사들의
> 부정형은
> '不应该'를 써요!

 '要 yào'와 '得 děi'는 부정형 '不用 búyòng'이나 '不必 búbì'를 사용하여 어
투를 부드럽게 완화하기도 해요.

예 **你不用担心。** Nǐ búyòng dānxīn. 당신이 책임질 필요 없어요.
不必客气。 Búbì kèqi. 사양하지 마세요.

努力 nǔlì 노력하다 | 注意 zhùyì 주의하다 | 作业 zuòyè 숙제 | 小心
xiǎoxīn 조심하다 | 吵架 chǎojià 말다툼하다

3 직접 만들어 확인하기

밑줄 친 부분을 바르게 고쳐 쓰세요.

❶ 现在你<u>会</u>回家了。　이제 집에 가도 돼요.

_____

❷ 我<u>能</u>说汉语。　나는 중국어를 할 수 있어요.

_____

❸ 我<u>能</u>去中国。　나는 중국에 가려고 해요.

_____

다음 빈칸에 들어갈 알맞은 단어를 골라 쓰세요.

❶ 学生 [　　　　] 做作业。（会 / 能 / 得）

학생은 공부를 해야 해요.

❷ 你 [　　　　] 看电影吗？（想 / 要 / 愿意）

당신은 영화를 보고 싶어요?

❸ 我 [　　] 愿意去中国。（不 / 没）

나는 중국에 가길 원하지 않아요.

내일도
할꺼징?

정답은 222쪽

다섯 번째 장식성이

개사 알기

Day 3

┃ 핵심 포인트 ✦

개사는 문장 내에서 중개인 역할을 하는 품사로 '소개해주는 말'이라는 뜻이에요. 주로 '장소, 시간, 목적, 원인, 대상, 방향, 도구, 국적' 등의 뜻을 더해주지요.

나는 식당에서 밥을 먹어요.
我在饭馆吃饭。
Wǒ zài fànguǎn chīfàn.

중국인은 젓가락으로 밥을 먹어요.
中国人用筷子吃饭。
Zhōngguórén yòng kuàizi chīfàn.

중국어의 개사는 모두 동사에서 파생됐어요. 동사 뒤에 문장 성분을 하나만 취하는 중국어의 기본 원칙이 개사구에도 적용되지요.

2 문장으로 익히기

원어민 발음 듣기 5-3

⭐ 개사

영어의 '전치사', 한국어의 '~에서, ~에, ~때문에, ~위해, ~로서, ~을/를, ~와/과, ~에게' 등에 해당하는 말로, 주로 **'장소, 시간, 목적, 원인, 대상, 방향, 도구, 국적' 등을 나타내요.** 문장 내에서는 반드시 명사와 함께 쓰여 개사구로 사용됩니다.

 개사구 ✚ 동사/형용사

我**在**学校门口等你。 학교 정문에서 당신을 기다릴게요.
Wǒ zài xuéxiào ménkǒu děng nǐ.

我**从**韩国来的。 저는 한국에서 왔어요.
Wǒ cóng Hánguó lái de.

公司**离**学校不远。 회사는 학교에서부터 멀지 않아요.
Gōngsī lí xuéxiào bù yuǎn.

请大家**朝**我看。 모두 저를 봐주세요.
Qǐng dàjiā cháo wǒ kàn.

我不想**跟**你商量这件事。
Wǒ bù xiǎng gēn nǐ shāngliang zhè jiàn shì.
저는 당신과 이 일을 상의하고 싶지 않아요.

> 개사의 위치는
> 부사, 조동사와 함께
> 기억하세요. '보조개!'

饭馆 fànguǎn 식당 | 筷子 kuàizi 젓가락 | 等 děng 기다리다 | 远 yuǎn (거리가) 멀다 | 商量 shāngliang 상의하다 | 公司 gōngsī 회사

⭐ 개사의 종류

대상과 범위를 나타내는 개사	和 hé ~와/과	跟 gēn ~와/과
	为 wèi ~를 위해	对 duì ~에 대해
	对于 duìyú ~에 대해	关于 guānyú ~에 관해

| 목적과 원인을 나타내는 개사 | 为 wèi ~를 위해 | 为了 wèile ~를 위해 |
| | 由于 yóuyú ~때문에 | 因为 yīnwèi ~때문에 |

| 시간과 장소를 나타내는 개사 | 在 zài ~에서 | 从 cóng ~에서 |
| | 离 lí ~에서부터 | 到 dào ~까지 |

근거와 방법을 나타내는 개사	根据 gēnjù ~에 근거하여
	按照 ànzhào ~에 따르면
	以 yǐ ~으로(써)
	通过 tōngguò ~을 통하여

| 도구를 나타내는 개사 | 拿 ná ~을 가지고 | 用 yòng ~으로 |

| 방향을 나타내는 개사 | 往 wǎng ~쪽으로 | 向 xiàng ~을 향하여 |
| | 朝 cháo ~을 향하여 |

⭐ 헷갈리는 개사 비교

对于 vs 关于

对于中国文化我很感兴趣。
Duìyú Zhōngguó wénhuà wǒ hěn gǎn xìngqù.
중국 문화 대해 나는 관심이 있어요.

(= 我对于中国文化很感兴趣。)

주어의 앞뒤에
모두 올 수 있음

~에 대해
**(명확한 대상에 대해
주관적으로 설명)**

关于这部分你有什么想法?
Guānyú zhè bùfen nǐ yǒu shénme xiǎngfǎ?
이 부분에 대해 당신은 무슨 의견이 있나요?

~에 관해
**(관련 범위에 대해
객관적으로 서술)**

주어의 앞에만
올 수 있음

> **Tip** '对'는 '对于'와 언제든지 바꿔 쓸 수 있어요. 그러나 사람과 사람 사이의 관계
> 에는 반드시 '对'만 쓸 수 있고, '对于'는 쓸 수 없어요.
>
> 예 我对你完全相信。 나는 당신을 완전히 믿어요.
> Wǒ duì nǐ wánquán xiāngxìn.

感兴趣 gǎn xìngqù 관심이 있다 | 部分 bùfen 부분 | 想法 xiǎngfǎ 생각 |
完全 wánquán 완전히 | 相信 xiāngxìn 믿다

从 vs 离

我们从这儿出发吧。
Wǒmen cóng zhèr chūfā ba.
우리 여기에서부터 출발해요.

从+출발점 :
~에서, ~로부터

我家离这儿不远。
Wǒ jiā lí zhèr bù yuǎn.
우리 집은 여기에서 안 멀어요.

离+기준점 :
~에서, ~로부터

往 vs 向 vs 朝

往右拐，再往左拐。
Wǎng yòu guǎi, zài wǎng zuǒ guǎi.
우회전하고, 다시 좌회전하세요.

往+동작 방향,
도달점, 이동지점

中国走向世界。 중국은 세계를 향해요.
Zhōngguó zǒuxiàng shìjiè.

向+방향, 사람,
추상적 개념

大门朝南开。 대문은 남향이에요.
Dàmén cháo nán kāi.

朝+방향, 사람
(신체 관련 동사)

出发 chūfā 출발하다 | 拐 guǎi 방향을 바꾸다 | 世界 shìjiè 세계 | 开 kāi
열리다

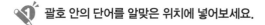

3 직접 만들어 확인하기

괄호 안의 단어를 알맞은 위치에 넣어보세요.

❶ Ⓐ 我 Ⓑ 等 Ⓒ 你。(在学校门口)
학교 정문에서 당신을 기다릴게요.

❷ Ⓐ 我 Ⓑ 不想 Ⓒ 商量 Ⓓ 这件事。(跟你)
저는 당신과 이 일을 상의하고 싶지 않아요.

❸ Ⓐ 我们 Ⓑ 出发 Ⓒ 吧。(从这儿)
우리 여기에서부터 출발해요.

다음 빈칸에 들어갈 알맞은 단어를 골라 쓰세요.

❶ 我家 ⬜ 这儿不远。(离 / 从)
우리 집은 여기에서 안 멀어요.

❷ ⬜ 中国文化我很感兴趣。(对于 / 关于)
중국 문화 대해 나는 관심이 있어요.

❸ 我们应该 ⬜ 他学习。(向 / 朝 / 往)
우리는 마땅히 그를 본받아야 한다.

작심삼일
극복!

정답은 222쪽

다섯 번째 작심삼일을 학습한 당신,
이 정도는 말할 수 있다!

Ⓐ 你会说汉语吗?
너 중국어 할 줄 알아?

Ⓑ 我当然不会说汉语，会说韩语。哈哈!
나는 당연히 중국어 못하지, 근데 한국어는 잘해. 하하!

Ⓐ 你知道中国走向世界吧?
너 중국이 세계로 향하고 있다는 건 알지?

你应该学习汉语和中国文化!
그러니까 너도 중국어랑 중국 문화를 배워야 한다고!

你向我学习吧!
너는 나를 본받아 공부해!

맨날 최선을 다하면 피곤해서 못 살아
작심삼일만 해도 충분하다니까!

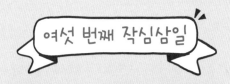

조사 끝내기

你的钱包在你的屁股下面呢。
네 지갑, 지금 네 엉덩이 밑에 있거든.

어머! 지갑이 여기 있었네!

내 지갑,
마이 놀랐죠? ^^;

조사 끝내기

조사는 문장 속에서 문법적 역할을 맡고 있는 성분이에요. 실제로 본래의 의미를 잃어버리고 모두 문법화되어, 성조가 없는 것이 특징이지요.

중국어의 조사는 크게 **구조조사, 시태조사, 어기조사**로 나뉘는데요, **구조조사는 수식 구조를 만들고, 시태조사는 시간에 따른 동작의 모양을 나타내고, 어기조사는 문장 끝에 쓰여서 전체 문장의 어기나 어투를 나타내요.**

 Day 1 **구조조사 알기**

 Day 2 **시태조사 알기**

 Day 3 **어기조사 알기**

구조조사 알기

문법 이해하기

구조조사란, 단어나 구 뒤에 붙어서 수식 구조를 만드는 조사예요. 중국어에는 '的 de', '地 de', '得 de'가 각각 관형어, 부사어, 보어 구조를 만들지요.

★ 성실한 선생님 认真的老师 ➡ **관형어 구조**

★ 성실하게 일하다 认真地工作 ➡ **부사어 구조**

★ 매우 성실하다 认真得很 ➡ **보어 구조**

구조조사는 발음이 모두 'de'로 구어에서는 구분이 되지 않으나 역할은 제각기 달라요.

2 핵심 문법 알기

원어민 발음 듣기 6-1

구조조사 '的'

명사성 성분 앞에 놓여 관형어를 만드는 조사예요. 기본적으로 '소유나 수식'을 나타내요.

① 소유: ~의

她的衣服很贵。 그녀의 옷은 비싸요.
Tā de yīfu hěn guì.

- -

这是他的行李。 이것이 그의 짐이에요.
Zhè shì tā de xíngli.

- -

我的钱包不见了。 내 지갑이 없어졌어요.
Wǒ de qiánbāo bú jiàn le.

시태조사 '了'는 **126쪽 참고**

> **Tip** 인칭대명사가 관형어로 쓰여 혈연관계나 소속을 나타낼 때, '的'를 생략할 수 있어요!
>
> 例 我妈妈是家庭主妇。 우리 엄마는 가정주부예요.
> Wǒ māma shì jiātíngzhǔfù.
>
> 你们公司在哪儿? 당신들의 회사는 어디에 있나요?
> Nǐmen gōngsī zài nǎr?

认真 rènzhēn 성실(착실)하다 | 行李 xíngli 여행 짐 | 钱包 qiánbāo 지갑 | 家庭主妇 jiātíngzhǔfù 가정주부 | 公司 gōngsī 회사

② 수식: ~한, ~하는

형용사/동사 + 的 + 명사
  관형어

这是好吃的苹果。 이것이 맛있는 사과예요.
Zhè shì hǎochī de píngguǒ.

他有一个漂亮的妹妹。 그는 예쁜 여동생이 한 명 있어요.
Tā yǒu yí ge piàoliang de mèimei.

我买的啤酒很好喝。 내가 산 맥주는 맛있어요.
Wǒ mǎi de píjiǔ hěn hǎohē.

③ 명사구를 구성: ~의 것, ~한 사람

명사/형용사/동사 + 的

这个是我的, 那个是你的。
Zhège shì wǒ de, nàge shì nǐ de.
이것이 내 것이고, 저것이 당신 것이에요.

她喜欢吃辣的。 그녀는 매운 것을 (먹는 것을) 좋아해요.
Tā xǐhuan chī là de.

这个杯子是在公司用的。 이 컵은 회사에서 쓰는 거예요.
Zhège bēizi shì zài gōngsī yòng de.

我是教汉语的。 저는 중국어 교사예요.
Wǒ shì jiāo Hànyǔ de.

자신의 직업을 소개할 때,
'的' 뒤의 명사를 생략하면
겸손한 표현이 돼요.

漂亮 piàoliang 예쁘다 | 啤酒 píjiǔ 맥주 | 好喝 hǎohē (음료수가) 맛있다 |
辣 là 맵다 | 杯子 bēizi 컵 | 用 yòng 사용하다

⭐ 구조조사 '地'

형용사나 동사 뒤에 붙어 부사어 구조를 만드는 조사예요.

```
형용사/동사  +  地  +  술어
        부사어
```

我很认真地学汉语。 나는 중국어를 매우 열심히 배워요.
Wǒ hěn rènzhēn de xué Hànyǔ.

- -

他非常努力地工作。 그는 일을 매우 열심히 해요.
Tā fēicháng nǔlì de gōngzuò.

- -

你好好儿(地)休息吧。 당신 푹 쉬세요.
Nǐ hǎohāor (de) xiūxi ba.

- -

> **Tip** '地'는 주로 이음절 형용사나 동사 뒤에 붙여요. 일반적으로 일음절 형용사는 '地'를 생략해요. 또 이음절 형용사와 이음절 동사가 결합한 경우에도 생략하기도 합니다.
>
> 📖 请你简单(地)介绍一下。 간단히 소개 좀 해주세요.
> Qǐng nǐ jiǎndān (de) jièshào yíxià.

简单 jiǎndān 간단하다 | 介绍 jièshào 소개하다

⭐ 구조조사 '得'

동사나 형용사 뒤에 놓여 보어를 만드는 조사로, 상태, 정도, 가능보
어에 사용돼요. 이와 관련해서는 일곱 번째 작심삼일 보어 끝내기에
서 자세히 살펴보고, 여기서는 맛보기만 할게요. 보어는 **140쪽 참고** ▶

> 동사/형용사 ✚ 得 ✚ 보어

他说得很快。 그는 말을 빨리 해요.
Tā shuō de hěn kuài.

- -

我听得懂汉语。 나는 중국어를 알아 들을 수 있어요.
Wǒ tīng de dǒng Hànyǔ.

我忙得要命。 나는 바빠 죽겠어요.
Wǒ máng de yàomìng.

- -

快 kuài 빠르다 | 要命 yàomìng 죽을 지경이다 | 懂 dǒng 이해하다

3 직접 만들어 확인하기

1 다음 문장에서 틀린 부분을 찾아 바르게 고쳐 쓰세요.

❶ 他说的很快。 그는 말을 빨리 해요.

_____

❷ 他非常努力得工作。 그는 일을 매우 열심히 해요.

_____

❸ 我听得很懂汉语。 나는 중국어를 알아 들을 수 있어요.

_____

2 다음 주어진 단어를 배열하여 문장을 완성하세요.

❶ 我 / 教 / 是 / 汉语 / 的 저는 중국어 교사예요.

_____

❷ 我 / 学 / 很 / 认真地 / 汉语
나는 중국어를 매우 열심히 배워요.

_____

❸ 见了 / 不 / 我的钱包 내 지갑이 없어졌어요.

_____

조금만
더 화이팅!

정답은 222쪽

시태조사 알기

문법 이해하기

시간(时间)에 따른 동작의 상태(态)를 나타내는 것이 시태조사입니다. 즉, 시간의 흐름에 따른 동작의 상황을 보여주지요.

나는 베이징 오리구이를 먹었어요.

我吃了北京烤鸭。　Wǒ chī le Běijīng kǎoyā.

나는 베이징 오리구이를 먹고 있어요.

我吃着北京烤鸭。　Wǒ chīzhe Běijīng kǎoyā.

나는 베이징 오리구이를 먹는 중이에요 .

我正在吃北京烤鸭呢。　Wǒ zhèngzài chī Běijīng kǎoyā ne.

나는 베이징 오리구이를 먹은 적이 있어요.

我吃过北京烤鸭。　Wǒ chīguo Běijīng kǎoyā.

중국어의 시태조사에는 '了 le', '着 zhe', '过 guo'가 있는데 각각 완료, 지속(진행), 경험을 나타내요. 이러한 조사들은 동작의 상태를 나타내는 것으로 시제(과거, 현재, 미래)와는 관련이 없습니다.　이해가 쉬운 도표 225쪽 참고

⭐ 완료태

동작이 끝났다는 뜻을 나타내주는 것으로, 시제와 상관없이 과거, 현재, 미래에 모두 사용할 수 있어요.

목적어로는
'수량사/수식성분 + 명사'가
올 수 있어요!

 + 동사 + 了 + 목적어 。

昨天我买了书就回家了。
Zuótiān wǒ mǎi le shū jiù huíjiā le.
어제 나는 책을 사고서 바로 집에 갔어요.

과거

听了他的话，我们都哭了。
Tīng le tā de huà, wǒmen dōu kū le.
그의 말을 듣고서, 우리는 모두 울었어요.

현재

你做完了作业，可以看电视。
Nǐ zuòwán le zuòyè, kěyǐ kàn diànshì.
너는 숙제를 다 해야, TV를 볼 수 있어.

미래

我买书了。 저는 책을 샀어요.
Wǒ mǎi shū le.

목적어가 다른 부가성분 없이
단독으로 나오면
'了'는 문장 끝에 위치!

我买了三本书。 저는 책을 세 권 샀어요.
Wǒ mǎi le sān běn shū.

목적어가 수량구나
수식성분과 함께 오면
'了'는 동사 뒤에 위치!

北京烤鸭 Běijīng kǎoyā 베이징 오리구이 | 哭 kū 울다 | 电视 diànshì
텔레비전

⭐ 지속(진행)태

① 동작의 지속이나 진행을 나타내는 경우에는 '正/在/正在…呢'를 사용해요.

주어 ＋ 在/正/正在 ＋ 동사 ＋ 목적어 ＋ (呢)。

我在上网查资料。 나는 인터넷으로 자료를 찾고 있어요.
Wǒ zài shàngwǎng chá zīliào.

我们在开会呢。 우리는 회의를 하고 있어요.
Wǒmen zài kāihuì ne.

他们正在聊天呢。 그들은 이야기 중이에요.
Tāmen zhèngzài liáotiān ne.

李老师正上课呢。 리 선생님은 수업을 하고 계셔요.
Lǐ lǎoshī zhèng shàngkè ne.

> '正'은 시간에,
> '在'는 상태에 중점을 두고,
> '正在'는 시간과 상태
> 모두를 강조!

> **Tip** '正＋동사/형용사'는 '刚好(알맞다, 딱 좋다)'의 의미!
>
> **大小正好。** 크기가 딱 좋다.
> Dàxiǎo zhènghǎo.

上网 shàngwǎng 인터넷(네트워크)에 접속하다 | 查资料 chá zīliào 자료를 찾다 | 开会 kāihuì 회의(하다) | 聊天 liáotiān 잡담하다, 이야기하다 | 上课 shàngkè 수업하다 | 大小 dàxiǎo 크기, 대소 | 正好 zhènghǎo 딱 좋다

② **동작이나 상태의 지속을 나타내는 경우에는 '着'를 사용해요. 이 경우, '正(在)…呢' 구문도 함께 쓸 수 있어요.**

동사 + 着 + 목적어   또는

正(在) + 동사 + 着 + 목적어 + (呢)

我在等着他来。 나는 그가 오기를 기다리고 있는 중이에요.
Wǒ zài děngzhe tā lái.

- -

外面下着雨(呢)。 밖에 비가 내리고 있어요.
Wàimiàn xiàzhe yǔ (ne).

- -

他总是做着发财梦。 그는 늘 돈을 많이 벌 꿈만 꾸고 있어요.
Tā zǒngshì zuòzhe fācái mèng.

- -

门关着，我们就回去吧。
Mén guānzhe, wǒmen jiù huíqù ba.
문이 닫혀 있으니, 우리 바로 돌아가요.

- -

他喜欢听着音乐跑步。
Tā xǐhuan tīngzhe yīnyuè pǎobù.
그는 음악을 들으며 조깅하는 것을 좋아해요.

- -

总是 zǒngshì 늘, 줄곧 | 发财 fācái 돈을 벌다, 부자가 되다 | 关 guān 닫다 |
听音乐 tīng yīnyuè 음악을 듣다 | 跑步 pǎobù 조깅하다

⭐3 경험태

동사 + 过

我吃过中国菜。 나는 중국 요리를 먹어본 적이 있어요.
Wǒ chīguo Zhōngguócài.

这本小说我看过。 이 소설책은 내가 읽은 적이 있어요.
Zhè běn xiǎoshuō wǒ kànguo.

我曾经吃过这种水果。
Wǒ céngjīng chīguo zhè zhǒng shuǐguǒ.
나는 예전에 이 과일을 먹어본 적이 있어요.

这个字我不认识，我没学过。
Zhège zì wǒ bú rènshi, wǒ méi xuéguo.
이 글자를 나는 모르겠어요. 나는 배운 적이 없거든요.

경험태의 부정문은
동사 앞에 '没'를 사용하고
뒤에 '过'를 반드시 써야 해요!

你来过这儿吗？（= 你来过这儿没有？）
Nǐ láiguo zhèr ma?
당신은 여기 와본 적 있어요?

의문문은 '동사 + 过 + 목적어 + 吗？'
또는 '동사 + 过 + 목적어 + 没有？'를
사용해요!

> **Tip** 습관적이고 반복적인 동작 표현이나 '知道 zhīdào', '明白 míngbai', '认识 rènshi', '懂 dǒng' 등 인지와 관련된 동사에는 '过'를 쓰지 않아요.
>
> 예 **我常常去超市。** 나는 자주 슈퍼마켓에 가요.
> Wǒ chángcháng qù chāoshì.
>
> **我懂了。** 나 이해했어요.
> Wǒ dǒng le.

小说 xiǎoshuō 소설 | 曾经 céngjīng 일찍이, 이미 | 字 zì 글자 | 常常 chángcháng 자주, 종종 | 超市 chāoshì 슈퍼마켓 | 懂 dǒng 이해하다

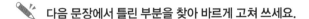

3 직접 만들어 확인하기

다음 문장에서 틀린 부분을 찾아 바르게 고쳐 쓰세요.

❶ 我在上网查了资料。　나는 인터넷으로 자료를 찾고 있어요.

_____

❷ 你来过这儿不有？　당신은 여기 와본 적 있어요?

_____

❸ 他喜欢听了音乐跑步。
그는 음악을 들으며 조깅하는 것을 좋아해요.

_____

다음 문장을 중국어로 말해보세요.

> **1**
> 우리는 회의를
> 하고 있어요.

> **2**
> 어제 나는
> 책을 샀어요.

> **3**
> 너는 숙제를 다 해야,
> TV를 볼 수 있어.

내일도
할꺼징?

정답은 222쪽

어기조사 알기

1 문법 이해하기

한국어에는 정말 다양한 어말어미들이 있지요. 같은 정보를 전달하고 있지만, 어미에 따라 뉘앙스는 180도 바뀌지요. 말하는 이의 진심(?)이 담긴다고나 할까요?

밥 먹었니?

밥 먹었지?

밥 먹자.

밥 먹어라.

밥 먹는구나.

밥 먹었다니까.

중국어에서는 이러한 역할을 어기조사가 합니다. 어기조사는 문장 끝에 놓여 말하는 이의 기분, 상태, 의도 등을 나타내는 조사를 말해요.

⭐ 어기조사 '了': 변화나 새로운 상황의 출현/ 강조/ 가까운 미래

어기조사 '了'는
문장 맨 끝에 쓰여요!

我已经吃饭了。 나는 이미 밥을 먹었어요.
Wǒ yǐjīng chīfàn le.

변화의 발생

现在几点了? 지금 몇 시나 됐어요?
Xiànzài jǐ diǎn le?

他的病好了。 그의 병이 좋아졌어요.
Tā de bìng hǎo le.

새로운 상황의 출현

他有女朋友了。 그는 여자친구가 생겼어요.
Tā yǒu nǚpéngyou le.

我不再喝酒了。
Wǒ bú zài hējiǔ le.
나는 다시는 술을 마시지 않겠어요.

강조

주로 '太…了'
구문으로 사용

这个菜太好吃了。 이 요리 너무 맛있어요.
Zhège cài tài hǎochī le.

我们快要毕业了。 우리 곧 졸업이에요.
Wǒmen kuàiyào bìyè le.

明天我就要回韩国了。
Míngtiān wǒ jiùyào huí Hánguó le.
내일 나는 한국으로 돌아갈 거예요.

가까운 미래

주로
'要…了', '快(要)…了', '就要…了'
구문을 사용해요!

病 bìng 병 | 毕业 bìyè 졸업하다

⭐ 어기조사 '啊': 동의나 감탄/ 열거

健康最重要啊! 건강이 제일 중요하지요!
Jiànkāng zuì zhòngyào a!

동의

其实你的话是对的啊! 사실 당신 말이 맞아요!
Qíshí nǐ de huà shì duì de a!

多漂亮啊! 얼마나 예쁜가요!
Duō piàoliang a!

감탄

这儿的风景多么美丽啊!
Zhèr de fēngjǐng duōme měilì a!
이곳 풍경이 얼마나 아름다운가요!

他的外貌啊、性格啊、学历啊,都很好。
Tā de wàimào a、xìnggé a、xuélì a, dōu hěn hǎo.
그는 외모, 성격, 학력 모두 좋아요.

他很喜欢吃水果,苹果啊、香蕉啊、西瓜啊,有什么吃什么。

열거

Tā hěn xǐhuan chī shuǐguǒ, píngguǒ a、xiāngjiāo a、xīguā a, yǒu shénme chī shénme.
그는 과일 먹는 것을 좋아해서 사과든, 바나나든, 수박이든 있기만 하면 무엇이든지 다 먹어요.

> **Tip** 중국어의 감탄문은 '多(么)…啊' 형식을 이용하는데, 중간에 감탄의 내용을 넣으면 '얼마나 ~한가!'라는 의미가 돼요!
>
> 예 **这儿的空气多么新鲜哪!** 이 곳의 공기가 얼마나 신선한가!
> Zhèr de kōngqì duōme xīnxiān nǎ!

风景 fēngjǐng 풍경 | 外貌 wàimào 외모 | 性格 xìnggé 성격 | 学历 xuélì 학력 | 苹果 píngguǒ 사과 | 香蕉 xiāngjiāo 바나나 | 西瓜 xīguā 수박

⭐ 어기조사 '吧': 청유나 부탁/ 약한 명령/ 추측

我们走吧。 우리 가요.
Wǒmen zǒu ba.

청유

多吃点儿吧。 많이 좀 드세요.
Duō chī diǎnr ba.

帮他的忙吧！ 그를 도와주세요!
Bāng tā de máng ba!

부탁

你试试吧！ 당신이 한 번 해봐요!
Nǐ shìshi ba!

약한 명령

是你吧？ 당신이지요?
Shì nǐ ba?

추측

味道怎么样，好吃吧？ 맛이 어때요, 맛있죠?
Wèidào zěnmeyàng, hǎochī ba?

帮忙 bāngmáng 일(손)을 돕다 | 试试 shìshi 한번 해보다 | 味道 wèidào 맛

어기조사 '呢': 생략형 의문문/ 동작이나 상황의 지속/ 사실 확인/ 강조/ 화제 도입

我去学校，你呢?
Wǒ qù xuéxiào, nǐ ne?
나는 학교 가요, 당신은요?

생략형 의문

他看报呢。 그는 신문을 보는 중이에요.
Tā kàn bào ne.

지속

不用买新衣服，我有很多呢。
Búyòng mǎi xīn yīfu, wǒ yǒu hěn duō ne.
새 옷 안 사도 돼요, 나는 아주 많은 걸요.

사실 확인

那家商店还没关门呢。
Nà jiā shāngdiàn hái méi guānmén ne.
그 상점은 아직 문을 안 닫았어요.

강조

我哥哥呢，长得很帅。
Wǒ gēge ne, zhǎng de hěn shuài.
우리 형은 말이이에요, 잘생겼어요.

화제 도입

> **Tip** '사람을 나타내는 명사＋呢?'는 그 사람이 어디 있느냐를 묻는 의문문이에요!
>
> ⑩ 妈妈呢? 엄마 어디 계세요? (＝妈妈在哪儿?)
> Māma ne? (= Māma zài nǎr?)

看报 kànbào 신문을 보다 | 商店 shāngdiàn 상점 | 关门 guānmén 문을
닫다 | 长 zhǎng 나다, 생기다

직접 만들어 확인하기

3 직접 만들어 확인하기

다음 문장에서 틀린 부분을 찾아 바르게 고쳐 쓰세요.

① 我去学校，你吗？　나는 학교 가요. 당신은요?

_____

② 这儿的风景多么美丽吗？
이곳 풍경이 얼마나 아름다운가요!

_____

③ 帮他的忙呢！　그를 도와주세요!

_____

빈칸에 들어갈 알맞은 단어를 보기에서 골라보세요.

吧　　　　呢　　　　啊

① 他看报 □ 。　그는 신문을 보는 중이에요.

② 多漂亮 □ ！　얼마나 예쁜가요!

③ 是你 □ ？　당신이지요?

작심삼일 극복!

정답은 222쪽

여섯 번째 작심삼일을 학습한 당신,
이 정도는 말할 수 있다!

★ **작심 회화** ★

Ⓐ 这是你的钱包，那是她的。我的钱包呢？
我的钱包不见了！

이건 네 지갑이고, 저건 저 여자 거고. 내 지갑은? 내 지갑이
없어졌어!

我的很贵！怎么办~~ 我们一起找找吧！

내 거 비싼 건데! 어떡해~~ 우리 같이 좀 찾아보자!

Ⓑ 我觉得你不用再找了，你的钱包在你的屁股
下面呢。

내가 보기에 더는 안 찾아도 되겠어. 네 지갑… 지금 네 엉덩이
밑에 있거든.

怎么办 zěnmebàn 어떡하나, 어쩌지 ㅣ 找 zhǎo 찾다 ㅣ 屁股 pìgu 엉덩이 ㅣ 下面
xiàmian 아래쪽

뭐하러 꾸준히 해?

3일씩만 열심히 할 건데…?

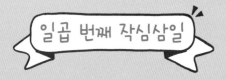

보어 끝내기 ①

今天不做完作业，我就不吃饭。
오늘 숙제를 다 하지 못하면 난 밥도 먹지 않을 거야.

꼬르륵―

그냥 먹고 마저 할까

금강산도 식후경인데...

보어 끝내기 ①

중국어의 보어는 학습자가 매우 어려워하는 부분이에요. **한국어에는 없는 표현 방법과 한국어와는 다른 어감 때문**이지요. 심지어 종류도 많아서 6가지나 되고요!

상태를 나타내는 상태보어, 정도의 심함을 나타내는 정도보어, 동작의 결과를 나타내는 결과보어, 동작의 방향을 나타내는 방향보어, 동작의 실현 가능성을 나타내는 가능보어, 수량이나 동작의 횟수를 나타내는 수량보어가 있어요. 그러나 원칙을 알면 간단해지는 법! 이제 보어를 쉽게 마스터해 봐요!

 Day 1 **상태보어 알기**

 Day 2 **정도보어 알기**

 Day 3 **결과보어 알기**

상태보어 알기

Day 1

▌ 문법 이해하기 ✨

상태보어는 동사나 형용사의 상태를 설명해주는 말이에요. 다음 두 문장을 비교해 볼까요?

a 빨리 걸어요!	**b** (그는) 빨리 걸어요.
c (你)快走!	**d** (他)走得快。
부사어: 동작의 방식	보어: 동작의 상태

한국어에서는 모두 '빨리'라는 부사어로 표현되는 두 문장이지만, 속뜻은 조금 달라요. a는 동작을 '빨리'하라는 뜻이고, b는 '빠르게 걷는 상태'를 묘사하는 것으로 그가 평소 빨리 걷는 편이라는 뜻이지요.

반면, 중국어에서는 부사어와 보어를 사용하여 동작의 방식과 상태를 구분해서 나타내요. c는 '快'를 부사어로 사용하여 '빨리'라는 동작의 방식을 나타내고, d는 '快'를 보어로 사용하여 '빠르게 걷는 상태'를 묘사했어요. 이처럼 중국어는 보어를 사용하여 의미를 구체적으로 세분화하여 나타낸답니다.

⭐ 상태보어

동사나 형용사 뒤에서 술어의 상태를 자세히 설명해주는 말로, 구조
조사 '得'를 사용하여 나타내요. 구조조사 '得'는 126쪽 참고

 + 술어(동사/형용사) + 得 + 상태보어 。

我吃得很饱。 나는 배부르게 먹었어요.
Wǒ chī de hěn bǎo.

她说得很好。 그녀는 말을 잘해요.
Tā shuō de hěn hǎo.

他说得跟中国人一样。 그는 중국인처럼 말해요.
Tā shuō de gēn Zhōngguórén yíyàng.

我吃得不饱。 나는 배가 부르지 않아요.
Wǒ chī de bù bǎo.

상태보어의 부정은
보어 앞에 '不'를 넣어요!

她说得不好。 그녀는 말을 잘 못해요.
Tā shuō de bù hǎo.

饱 bǎo 배부르다

⭐ 상태보어와 목적어가 함께 나오는 경우

이 경우 **동사를 반복하여 사용**하는데, 여기서 첫 번째 동사는 생략 가능해요!

주어 + (동사1) + 목적어 + 동사2 + 得 + 상태보어 。

她说汉语说得很好。 그녀는 중국어를 잘해요.
Tā shuō Hànyǔ shuō de hěn hǎo.

- -

我吃饭吃得很饱。 나는 밥을 배부르게 먹었어요.
Wǒ chīfàn chī de hěn bǎo.

- -

他每天睡觉睡得很晚。 그는 매일 잠을 늦게 자요.
Tā měitiān shuìjiào shuì de hěn wǎn.

- -

他(踢)足球踢得很好。 그는 축구를 잘해요.
Tā (tī) zúqiú tī de hěn hǎo.

- -

我(打)高尔夫球打得不错。 나는 골프를 잘 쳐요.
Wǒ (dǎ) gāo'ěrfūqiú dǎ de búcuò.

- -

> **Tip** 상태보어를 사용할 때는 목적어의 위치에 주의해야 해요! 바로 동사 뒤에 중요한 정보를 전달하는 문장 성분은 한 개만 올 수 있다는 원칙이지요! 즉, 목적어든 보어든 하나만 와야 해요! 그래서 동사를 반복하여 사용하는 거예요.
> 한편, 중국어는 동사 뒤에 오는 문장 성분의 개수에는 엄청 민감하지만, 앞에 오는 성분의 개수에는 무척 관대해요. 그래서 반복되는 두 개의 동사 중에 첫 번째 동사를 생략할 수 있어요.

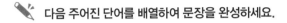

3 직접 만들어 확인하기

✎ 다음 주어진 단어를 배열하여 문장을 완성하세요.

❶ 他 / 踢足球 / 很好 / 得 / 踢　　그는 축구를 잘해요.

_____

❷ 她 / 跟中国人 / 说得 / 一样　　그는 중국인처럼 말해요.

_____

❸ 我 / 吃得 / 吃饭 / 很饱　　나는 밥을 배부르게 먹었어요.

_____

🔊 다음 문장을 중국어로 말해보세요.

1
그는 매일
잠을 늦게 자요.

2
나는 배가
부르지 않아요.

3
그녀는 중국어를
잘해요.

조금만
더 화이팅!

정답은 223쪽

정도보어 알기

┃ 문법 이해하기 ✦☆

정도보어는 술어의 정도를 설명해주는 말이에요. 상태보어 중에서 정도가 심한 것들을 따로 빼낸 보어라고 이해하면 쉬워요. 그러나 문장 형태가 정해져 있고, '得 de'를 사용하는 것과 사용하지 않는 것이 있어서 상태보어와 구분하여 알아두는 것이 좋습니다.

그녀는 예뻐요.

a 她很漂亮。　⬅　**형용사술어문**

b 她漂亮得很。　⬅　**정도보어가 쓰인 문장**

똑같이 부사 '很 hěn'과 형용사 '漂亮 piàoliang'을 사용하여 나타낸 문장이지만, 예쁨의 정도에 차이가 있어요. a는 형용사술어문으로 일반적으로 예쁜 사람을 묘사한다면, b는 정도보어가 쓰인 문장으로 매우, 아주, 무척, 몹시, 대단히 예쁜 사람을 묘사하는 경우 사용해요.

원어민 발음 듣기 7-2

⭐ '得'를 사용하는 정도보어

상태보어와 정도보어의
가장 큰 차이점은 상태보어는
술어로 일반 동사가 오는 반면,
정도보어는
술어로 심리동사나 형용사가
온다는 것!

형용사/심리동사 + 得 + 정도보어

这几天我忙得很。 요 며칠 나는 매우 바빠요.
Zhè jǐ tiān wǒ máng de hěn.

他喜欢得不得了。 그가 매우 좋아해요.
Tā xǐhuan de bùdéliǎo.

我的汉语水平还差得远。
Wǒ de Hànyǔ shuǐpíng hái chà de yuǎn.
내 중국어 수준은 아직 많이 부족해요.

这里的东西贵得不行。 여기 물건은 말도 안 되게 비싸요.
Zhèli de dōngxi guì de bùxíng.

听到那个消息她怕得要死。
Tīngdào nàge xiāoxi tā pà de yàosǐ.
그 소식을 듣자 그녀는 대단히 두려워했어요.

> **Tip** '得'를 사용하는 정도보어는 정해져 있어요!

很 hěn 매우 ~하다	**慌** huāng ~해 견딜 수 없다
厉害 lìhai 대단히 ~하다	**要命** yàomìng ~해 죽겠다
要死 yàosǐ ~해 죽겠다	**不行** bùxíng (정도가) 심하다
不得了 bùdéliǎo 매우 심하다	**了不得** liǎobùde 대단히 ~하다

差 chà 부족하다, 모자라다 | 东西 dōngxi 물품, 물건 | 消息 xiāoxi 소식

⭐ '得'를 사용하지 않는 정도보어

'得'를 사용하지 않고 **'透** tòu**'**, **'坏** huài**'**, **'死** sǐ**'**, **'极** jí**'**, **'多** duō**'**를 사용하여 정도를 나타내기도 해요! 이중 '透', '坏', '死'는 상황이 나쁘거나 부정적일 때 사용해요!

형용사/심리동사 ＋ 透/坏/死/极/多 ＋ 了

恨透了。 미워 죽겠어요.
Hèn tòu le.

文장 끝에 반드시
'了'를 함께 써야 해요!

他气坏了。 그는 몹시 화났어요.
Tā qì huài le.

饿死了。 배고파 죽겠어요.
È sǐ le.

天气好极了。 날씨가 굉장히 좋아요.
Tiānqì hǎo jí le.

下了雨，凉快多了。 비가 온 뒤로, 날씨가 훨씬 선선해졌어요.
Xià le yǔ, liángkuai duō le.

 이합동사는 **84쪽 참고**

> **Tip** '多'의 경우, '得'를 쓰기도 하고 안 쓰기도 해요.
>
> 例 **这次比上次好多了。** = **这次比上次好得多。**
> Zhè cì bǐ shàngcì hǎoduō le. = Zhè cì bǐ shàngcì hǎo de duō.
> 이번이 지난번보다 훨씬 좋다.

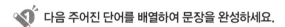

3 직접 만들어 확인하기 ✦✦

1 다음 주어진 단어를 배열하여 문장을 완성하세요.

❶ 天气 / 极了 / 好   날씨가 굉장히 좋아요.

_____

❷ 我的汉语水平 / 差得 / 远 / 还
내 중국어 수준은 아직 많이 부족해요.

_____

❸ 他 / 不得了 / 得 / 喜欢   그가 매우 좋아해요.

_____

2 다음 문장에서 틀린 부분을 찾아 바르게 고쳐 쓰세요.

❶ 这几天我忙很多。   요 며칠 나는 매우 바빠요.

_____

❷ 这里的东西贵不行。   여기 물건은 말도 안 되게 비싸요.

_____

❸ 他气得坏了。   그는 몹시 화났어요.

_____

내일도
할꺼징?

정답은 223쪽 ▶

Day 3

결과보어 알기

📖 문법 이해하기 ✦

중국인들은 동작과 그로 인해 발생하는 결과를 각각 다른 문제로 파악해요.

---

a 지갑 찾았어?

b 찾았는데, 못 찾았어.

한국어는 '동작'과 '결과'를 모두 '찾다'라는 동사로 표현하여 뜻이 모호하지만, 중국어는 결과보어를 사용해서 한 문장으로 해결할 수 있어요.

---

a **钱包找到了吗?**   지갑 찾았어?
Qiánbāo zhǎodào le ma?

b **没找到。**   아직 못 찾았어.
Méi zhǎodào.

동작은 '找 zhǎo'로, 결과는 '到 dào'로 나타내요. 즉 b는 찾는 동작은 있었으나 찾지 못했다는 것을 '没 méi'로 부정하는 결과보어 문장이에요. 한국어에는 이런 문법 형식이 없기 때문에 중국어의 보어가 다루기 까다롭다고 하는 거랍니다.

2 핵심 문법 알기 ✴✴

⭐ **결과보어**

동작에 의한 '결과'를 설명해주는 말이에요. 부정은 '没'를 써서 나타내요.

동사/형용사 **+** 결과보어 **+ 了 +** (목적어) **+ (了)**

我吃好了。 나는 잘 먹었어요.
Wǒ chīhǎo le.

我听懂了。 나는 알아 들었어요.
Wǒ tīngdǒng le.

목적어가 단독이 아닌
여러 성분을 가지고 있을
때에는 문장 끝에 '了'를
넣어야 해요.

她找到了工作。 그녀는 직업을 찾았어요.
Tā zhǎodào le gōngzuò.

我没听清楚你的话了。
Wǒ méi tīng qīngchu nǐ de huà le.
내가 당신의 말을 정확하게 못 알아 들었어요.

결과보어의 부정은
술어 앞에 '没'을 써요!

明天不做完作业，我不吃饭。
Míngtiān bú zuòwán zuòyè, wǒ bù chīfàn.
내일 숙제를 다 하지 않으면, 나는 밥을 먹지 않을 거예요.

단, 조건을 나타내는
경우의 부정은 '不'를!

> 결과보어는 동사와 너무 밀접하여 한 단어로 취급해요. 그러므로 목적어를 취하는 것에도 제약이 없어요.
>
> ┈┈┈┈┈┈┈┈┈┈┈┈┈┈┈┈┈┈┈┈┈┈┈┈┈┈┈┈┈┈┈┈┈┈┈┈┈
>
> 예 **我看完了这本书了。** 나는 이 책을 다 보았어.
> Wǒ kànwán le zhè běn shū le.

⭐ 자주 쓰이는 결과보어

好
hǎo
- 잘 완료된 경우

我跟他说好了。 저는 그와 잘 이야기했어요.
Wǒ gēn tā shuōhǎo le.

错
cuò
- 결과가 잘못되거나 틀린 경우

你打错电话了。 전화 잘못 거셨어요.
Nǐ dǎcuò diànhuà le.

对
duì
- 옳거나 맞게 한 경우

你猜对了。 당신 추측이 맞았어요.
Nǐ cāiduì le.

光
guāng
- 깨끗이, 하나도 남지 않은 경우

这个月的工资花光了。
Zhège yuè de gōngzī huāguāng le.
이번 달 월급을 다 써버렸어요.

懂
dǒng
- 알거나 이해한 경우

我看懂了。 (보고) 이해했어요.
Wǒ kàndǒng le.

完
wán
- 동작이 완료된 경우

今天的作业我都做完了。
Jīntiān de zuòyè wǒ dōu zuòwán le.
오늘 숙제를 다했어요.

见
jiàn
- 오감을 통해 감지한 경우

我听见妈妈的声音了。
Wǒ tīngjiàn māma de shēngyīn le.
나는 엄마의 목소리를 들었어요.

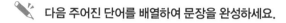

3 직접 만들어 확인하기 ✨

✏️ 다음 주어진 단어를 배열하여 문장을 완성하세요.

❶ 我 / 了 / 说 / 跟他 / 好   저는 그와 잘 이야기했어요.

_____

❷ 你 / 打 / 了 / 电话 / 错   전화 잘못 거셨어요.

_____

❸ 她 / 到 / 找 / 工作 / 没   그녀는 직업을 못 찾았어요.

_____

🔊 다음 문장을 중국어로 말해보세요.

/
나는
알아들었어요.

2
당신 추측이
맞았어요.

3
나는
잘 먹었어요.

작심삼일
극뽁!

정답은 223쪽

일곱 번째 작심삼일을 학습한 당신,
이 정도는 말할 수 있다!

★ 작심 회화 ★

Ⓐ 今天早上我睡到十点，我迟到了。作业我都没做完。

오늘 아침에 나 10시까지 자서 지각했어. 숙제도 다 못했는데 .

Ⓑ 明天不是也有考试吗?

내일 시험도 있는 거 아니었어?

Ⓐ 对啊。但是作业也很多。今天不做完作业，我就不吃饭。

맞아. 근데 숙제조차도 많아. 오늘 숙제를 다하지 못하면 난 밥도 먹지 않을 거야.

可是，我饿死了。

근데, 나 배고파 죽겠네. ㅠㅠ

迟到 chídào 지각하다

Q : 하루에 얼마나 공부해야 되나요?

될 놈
최대한 많이 하려고 한다.

안 될 놈
이 질문을 한다.

보어 끝내기 ②

我一个人做不了这个作业。
나 혼자는 이 숙제를 해낼 수 없어.

너네 좋아 보인다?
나는 안 좋은데...

하... 마음도 춥다

'(밖으로) 나가다'라는 표현을 중국어로 옮겨볼까요?

---

a 我出**去**了。 나 나가요.

b 我出**不去**。 나 나갈 수 없어요.

c 我出去**一趟**。 나 한 번 나갔다 올게요.

---

a는 방향보어 '去'를 사용하여 동작의 방향을 나타냈고, b는 가능보어를 사용하여 동작이 실현될 수 없음을, c는 동량보어 '一趟'을 사용하여 왕복 동작을 나타냈어요. 간단한 문장이지만, 보어를 사용하여 여러 가지 뜻을 나타낼 수 있네요.

Day 1 **방향보어 알기**

Day 2 **가능보어 알기**

Day 3 **수량보어 알기**

방향보어 알기

▌ 문법 이해하기 ⁺✧

방향보어는 동작의 진행방향을 나타내는 보어로, 단순방향보어와 복합방향보어로 나뉩니다.

a 이리 나오세요.	**b** 저리 나가세요.
出来吧。	出去吧。

a와 b의 말하는 사람이 안쪽과 바깥쪽 중 어디에 있는지 짐작이 가나요? '나오다'와 '나가다'의 차이는 말하는 이가 어디에 있느냐에 달려 있어요.

즉, 동작의 방향이 말하는 사람에게 가까워지는 경우에는 a '나오다'를, 멀어지는 경우에는 b '나가다'를 사용하지요. 다행히 중국어의 어감도 한국어와 일치합니다.

방향보어에서 주의해서 기억해야 될 점은 두 가지! 방향보어와 목적어의 위치 선정과 복합방향보어의 다양한 파생 의미예요.

⭐ 단순방향보어

동사 뒤에 '来/去'를 붙여 방향을 설명해주는 말이에요. 동작의 방향이 말하는 사람에게 가까워지면 '来'를 쓰고, 멀어지면 '去'를 사용하지요.

> 주어 **+** 동사 **+** 来/去 。

你出来吧。 당신이 나오세요. Nǐ chūlái ba.	**你出去吧。** 당신이 나가세요. Nǐ chūqù ba.
他进来了。 그가 들어왔어요. Tā jìnlái le.	**他进去了。** 그가 들어갔어요. Tā jìnqù le.
他们都回来了。 Tāmen dōu huílái le. 그들은 모두 돌아왔어요.	**他们都回去了。** Tāmen dōu huíqù le. 그들은 모두 돌아갔어요.

잠깐! 단순방향보어에 자주 쓰이는 동사 8개가 있는데, 야채주스 이름과 같은 'V8'이라고 부를 테니 잘 기억해 두세요!

	上	下	进	出	回	过	起	开
来	上来	下来	进来	出来	回来	过来	起来	开来
去	上去	下去	进去	出去	回去	过去	×	开去

이 부분이
다른 동사 뒤에 쓰이면
복합방향보어!

이해가 쉬운 도표 **225쪽 참고**

여덟 번째 감자씨의 하루

⭐ 복합방향보어

앞에서 중요하게 다룬 V8과 '来/去'가 함께 동사 뒤에 쓰이면 **복합 방향보어**가 되는데요, 앞 페이지 표의 하얀 부분이 바로 복합방향보어입니다.

快跑上来吧。 빨리 뛰어 올라와요.
Kuài pǎoshànglái ba.

他跑下来了。 그가 뛰어 내려왔어요.
Tā pǎoxiàlái le.

请你说下去。 계속 말씀하세요.
Qǐng nǐ shuōxiàqù.

大家都笑起来了。 모두 웃기 시작했어요.
Dàjiā dōu xiàoqǐlái le.

我想出来一个办法。 내가 한 가지 방법을 생각해 냈어요.
Wǒ xiǎngchūlái yí ge bànfǎ.

病人突然昏过去了。 환자가 갑자기 의식을 잃었어요.
Bìngrén tūrán hūnguòqù le.

跑 pǎo 뛰다 | 笑 xiào 웃다 | 想办法 xiǎng bànfǎ 방법을 생각하다 | 病人 bìngrén 환자 | 突然 tūrán 갑자기, 별안간 | 昏 hūn 의식을 잃다, 기절하다

 **방향보어와 목적어**

방향보어와 목적어의 위치 선정 문제는 꽤 복잡해요. 그러나 하나만 기억하고 갈게요~! **장소를 나타내는 목적어는 무조건 '来/去' 앞에** 와야 합니다. 반면, **일반명사의 경우 '来/去'의 앞뒤 어디든** 올 수 있어요.

> 동사 + 장소 목적어 + 来/去

他回家去了。 그는 집으로 돌아갔어요.
Tā huí jiā qù le.

- -

你们都进教室来吧。 당신들은 모두 교실로 들어오세요.
Nǐmen dōu jìn jiàoshì lái ba.

- -

> 동사 + 일반 목적어 + 来/去 또는
>
> 동사 + 来/去 + 일반 목적어

我想带一些苹果去。 = 我想带去一些苹果。
Wǒ xiǎng dài yìxiē píngguǒ qù. / Wǒ xiǎng dàiqù yìxiē píngguǒ.
나는 사과를 조금 가져가고 싶어요.

他送礼物来了。 = 他送来了礼物。
Tā sòng lǐwù lái le. / Tā sònglái le lǐwù.
그가 선물을 가져왔어요.

- -

教室 jiàoshì 교실 | 带 dài 가져오다 | 送 sòng 선물하다

⭐ ④ 복합방향보어의 파생 의미

원래의 뜻에서 확장된 의미가 있는데, 회화에서 정말 자주 쓰는 표현이에요. 한국어의 어감과 다른 부분이 많아서 암기가 필요해요!

起来
- 동작이 시작되어 계속 진행됨
  笑起来 xiàoqǐlái 웃기 시작하다
- 말하는 이의 의견을 나타냄
  看起来 kànqǐlái 보아하니 ~하다 / 보기에 ~하다

出来
- 새롭게 생겨남
  想出来 xiǎngchūlái 생각해내다
- 식별하거나 분별함
  认出来 rènchūlái 알아보다

下来
- 고정되거나 결정됨
  安静下来 ānjìng xiàlái 조용해지다
- 분리되어 떨어져 나감
  脱下来 tuōxiàlái 벗다

下去
- 현재에서 미래로 지속됨
  活下去 huóxiàqù 살아가다

过来
- 정상으로 돌아옴
  醒过来 xǐngguòlái 깨어나다

过去
- 정상을 벗어남
  昏过去 hūnguòqù 기절하다

3 직접 만들어 확인하기

1 빈칸에 들어갈 알맞은 단어를 골라보세요.

❶ 大家都笑 [   ] 了。（下来 / 起来 / 过来）

모두 웃기 시작했어요.

❷ 请你说 [   ] 。（下去 / 下来 / 起来）

계속 말씀하세요.

❸ 大家安静 [   ] 了。（下去 / 出来 / 下来）

모두 조용하세요.

2 주어진 단어를 문장의 알맞은 위치에 넣어보세요.

❶ 你们都 A 进 B 来 C 吧。（教室）

당신들은 모두 교실로 들어오세요.

────────────────────────

❷ 哥哥 A 拿 B 来了 C 。（水果）

오빠가 과일을 가져왔어요.

────────────────────────

❸ 朋友 A 回 B 去 C 了。（中国）

친구가 중국에 돌아갔어요.

조금만
더 화이팅!

정답은 223쪽

가능보어 알기

❚ 문법 이해하기 ✦✧

중국어에서는 '~할 수 있다/없다'를 조동사가 아닌 가능보어로 나타내기도 해요. 조동사의 경우 주어의 능력이나 의지를 보여준다면, 가능보어는 동작의 실현 가능성만을 나타낸다고 보면 돼요!

예를 들어보면 중국어를 배우지 않은 사람들도 중국어로 '미안하다'는 말은 할 줄 알더라고요.

对不起。 미안해요.
Duìbuqǐ.

기본 회화 표현으로 숙어처럼 활용되는 단어인데, 자세히 보면 '동사+不+방향보어' 구조를 가진 가능보어 문장이에요. 풀어 쓰면 '(너를) 마주 대하여 (고개를) 들 수 없다'는 의미로, 최종적으로 '미안하다'는 뜻이 되었지요. '마주 대하다'는 동사 '对 duì'와 아래에서 위로 일어나는 동작의 방향을 나타내는 '起 qǐ', 사이에 '不 bu'가 쓰인 가능보어 구조이지요!

⭐ 가능보어

동사 뒤에 나오는 '결과보어'나 '방향보어'로의 진행이 가능한지 여부를 설명해주는 보어로, 뜻은 '~할 수 있다/없다'예요. 가능을 나타낼 때에는 동사와 보어 사이에 '得'를 쓰고, 불가능을 나타낼 때에는 '不'를 써요.

> 동사 + 得 + 결과보어/방향보어 : ~할 수 있다

明天我回得来。 내일 나는 돌아올 수 있어요.
Míngtiān wǒ huídelái.

- -

你说得很慢，我听得懂。
Nǐ shuō de hěn màn, wǒ tīngdedǒng.
당신이 말을 천천히 해서, 알아 들을 수 있어요.

- -

这件衣服很便宜，我买得起。 이 옷은 싸서, 살 수 있어요.
Zhè jiàn yīfu hěn piányi, wǒ mǎideqǐ.

- -

> 동사 + 不 + 결과보어/방향보어 : ~할 수 없다

明天我回不来。 내일 나는 돌아올 수 없어요.
Míngtiān wǒ huíbulái.

- -

你说得太快，我听不懂。
Nǐ shuō de tài kuài, wǒ tīngbudǒng.
당신이 말을 너무 빨리 해서, 알아 들을 수 없어요.

- -

这件衣服太贵了，我买不起。 이 옷 너무 비싸서, 살 수 없어요.
Zhè jiàn yīfu tài guì le, wǒ mǎibuqǐ.

- -

⭐ 자주 쓰이는 가능보어

동사 뒤에 '…得了/…不了'를 붙여서 그 동작을 '마칠 수 있다/없다'라는 의미로 사용되는 가능보어가 있어요.

동사 + 得 / 不 + 了 liǎo

我吃得了两碗饭。 나는 밥을 두 그릇 먹을 수 있어요.
Wǒ chīdeliǎo liǎng wǎn fàn.

- -

他能做得了这件事。 그는 이 임무를 해낼 수 있어요.
Tā néng zuòdeliǎo zhè jiàn shì.

- -

我一个人吃不了。 나 혼자서는 먹을 수 없어요.
Wǒ yí ge rén chībuliǎo.

- -

下大雨，我们去不了公园了。
Xià dàyǔ, wǒmen qùbuliǎo gōngyuán le.
비가 많이 와서, 우리는 공원에 갈 수 없었어요.

- -

Tip 다음은 회화에서 자주 쓰이는 가능보어예요.

看不起 kànbuqǐ	무시하다
买不到 mǎibudào	(물건이 없어서) 살 수 없다
看不下去 kànbuxiàqù	계속 볼 수 없다, 더이상 볼 수 없다
买不起 mǎibuqǐ	(돈이 없어서) 살 수 없다
来得及 láidejí	~하기에 늦지 않다, ~할 수 있다
用不着 yòngbuzháo	~까지는 필요 없다
来不及 láibují	~하기에 늦다, (늦어서) ~할 수 없다
比不上 bǐbushàng	비교가 안 되다, 비교할 수 없다
免不了 miǎnbuliǎo	피할 수 없다
说不出来 shuōchūlái	말할 수 없다
受不了 shòubuliǎo	견딜 수 없다
想不起来 xiǎngbuqǐlái	생각이 나지 않다

两碗饭 liǎng wǎn fàn 밥 두 그릇 | 公园 gōngyuán 공원

3 직접 만들어 확인하기 ✗✗

✎¹ **다음 문장에서 틀린 부분을 찾아 바르게 고쳐 쓰세요.**

❶ 这件衣服很便宜，我买不起。이 옷은 싸서, 살 수 있어요.

_____

❷ 明天我不能回得来。내일 나는 돌아올 수 있어요.

_____

❸ 我能吃得了两碗饭。나는 밥을 두 그릇 먹을 수 있어요.

_____

✎² **빈칸에 들어갈 알맞은 단어를 골라보세요.**

❶ 太多了，我真的喝不 ⬚ 了。(了 / 及 / 上)
너무 많아서 나는 정말 못 마시겠어요.

❷ 这家饭馆太贵了，我们吃不 ⬚ 。(下 / 起 / 及)
이 식당은 너무 비싸서 우리는 먹을 수가 없어요.

❸ 我的汉语比不 ⬚ 她。(下 / 及 / 上)
내 중국어는 그 여자와는 비교가 안 돼요.

내일도
할꺼징?

정답은 223쪽

수량보어 알기

✦ 문법 이해하기 ✦

수량보어는 '수'와 '양'을 나타내는 보어로, 시간의 양을 나타내는 '시량보어'와 동작의 횟수를 나타내는 '동량보어'로 나뉘어요.

我看了一会儿电视。 나는 잠깐 동안 TV를 봤어요.

Wǒ kàn le yíhuìr diànshì.

➡ **일반명사 목적어**

我等了他半天。 나는 그를 반나절 기다렸어요.

Wǒ děng le tā bàntiān.

➡ **대명사 목적어**

我去过上海一次。 = 我去过一次上海。

Wǒ qùguo Shànghǎi yí cì.

나는 상하이에 한 번 간 적이 있어요. ➡ **지명 목적어**

수량보어에서 주의해야 할 점은 보어와 목적어가 함께 나올 때, 위치 선정 문제예요.

2 핵심 문법 알기

원어민 발음 듣기 8-3

⭐ 시량보어

동작이 지속된 시간이나 동작이 끝난 후 경과한 시간을 나타내요.
동작이 지속 가능한 동사는 지속된 시간을, 순간적으로 끝나는 동사는 경과한 시간을 나타내요.

동사의 경우
지속된 동작을 나타내는
지속동사를 써요!

① 지속된 시간

주어 **+** 동사 **+** 목적어 **+** 동사 **+** 了 **+** 시량보어 。

我睡了一个小时。 나는 한 시간 동안 잤어요.
Wǒ shuì le yí ge xiǎoshí.

我们聊了一个小时。 우리는 한 시간 동안 수다를 떨었어요.
Wǒmen liáo le yí ge xiǎoshí.

她在北京呆了一个星期。
Tā zài Běijīng dāi le yí ge xīngqī.
그녀는 베이징에서 일주일 동안 머물렀어요.

我学汉语学了三年。 나는 중국어를 3년 동안 배웠어요.
Wǒ xué Hànyǔ xué le sān nián.

他等你等了半天了。 그가 당신을 한참 기다렸어요.
Tā děng nǐ děng le bàntiān le.

시태조사는 **126쪽 참고**　어기조사는 **132쪽 참고**

앞의 '了'는 시태조사,
뒤의 '了'는 어기조사예요!

半天 bàntiān 한참 동안 | 睡 shuì 잠을 자다 | 聊 liáo 이야기하다 | 呆 dāi
머무르다

② 경과한 시간

동작이 순간적으로
끝나는 동사가 와야 해요!

주어 + 동사 + 목적어 + 시량보어 + 了 。

我来了中国两个月了。 나는 중국에 온 지 2개월 됐어요.
Wǒ lái le Zhōngguó liǎng ge yuè le.

我的狗死了三年了。
Wǒ de gǒu sǐ le sān nián le.
우리 개가 죽은 지 3년이 됐어요.

동작이 순간적으로
끝나는 동사가 목적어 없이
단독으로 쓰이면 뒤에
'了'를 써야 해요!

他们结婚三年了。 그들이 결혼한 지 3년 됐어요.
Tāmen jiéhūn sān nián le.

'结婚', '毕业'는
이합동사로 내부에 목적어가
있는 동사예요!

他大学毕业快十年了。
Tā dàxué bìyè kuài shí nián le.
그가 대학을 졸업한 지 10년이 돼 가요.

> **Tip** 중국어에서 술어 앞에 오는 것은 '시각', '시점'을 나타내는 '시간부사어'이고, 술어 뒤에 오는 것은 '시간의 양'을 나타내는 '시량보어'예요.

시간부사어 (시간명사)		시량보어 (수사+양사)
两点 (두 시)	술어 (동사)	**两个小时** (두 시간)
十分 (10분)		**十分钟** (10분 동안)
五月 (5월)		**五个月** (5개월)

狗 gǒu 개 | 死 sǐ 죽다 | 毕业 bìyè 졸업하다

⭐ 동량보어

① 목적어가 일반명사인 경우

주어 **+** 동사 **+** 동량보어 **+** 일반 명사 。

我看了一会儿**电视**。 나는 잠깐 동안 TV를 봤어요.
Wǒ kàn le yíhuìr diànshì.

일반 명사 목적어는 보어 뒤에!

妈妈打了一个半小时(的)**电话**。
Māma dǎ le yí ge bàn xiǎoshí (de) diànhuà.
엄마는 한 시간 반 동안 통화를 했어요.

我们俩一起吃过一顿**饭**。
Wǒmen liǎ yìqǐ chīguo yí dùn fàn.
우리들은 밥 한 끼를 같이 먹은 적이 있어요.

말하는 사람과 듣는 사람이 모두 알고 있는 것이므로 보어 앞에!

② 목적어가 대명사인 경우

주어 **+** 동사 **+** 대명사 **+** 동량보어 。

以前我去过**那儿**一次。
Yǐqián wǒ qùguo nàr yí cì.
예전에 나는 그곳에 한 번 가본 적이 있어요.

我等了**他**半天，也没见到。
Wǒ děng le tā bàntiān, yě méi jiàndào.
나는 그를 반나절 동안 기다렸는데, 못 만났어요.

我找过**老师**两次，她都不在。
Wǒ zhǎoguo lǎoshī liǎng cì, tā dōu bú zài.
나는 선생님을 두 번이나 찾았는데, 선생님은 다 안 계셨어요.

③ 목적어가 인명과 지명의 경우

주어 + 동사 + 인명/지명 + 동량보어 。 또는

주어 + 동사 + 동량보어 + 인명/지명 。

我去过美国一次。 = 我去过一次美国。
Wǒ qùguo Měiguó yí cì. = Wǒ qùguo yí cì Měiguó.
나는 미국에 한 번 간 적이 있어요.

爸爸去了超市一趟。 = 爸爸去了一趟超市。
Bàba qù le chāoshì yí tàng. = Bàba qù le yí tàng chāoshì.
아빠가 슈퍼에 한 번 다녀오셨어요.

我见过小李一次。 = 我见过一次小李。
Wǒ jiànguo Xiǎo Lǐ yí cì. = Wǒ jiànguo yí cì Xiǎo Lǐ.
나는 샤오리를 한 번 만난 적이 있어요.

목적어로 인명이나 지명이 오면
보어 앞뒤로 왔다 갔다
할 수 있어요!

美国 Měiguó 미국 | 超市 chāoshì 슈퍼마켓

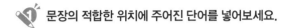

3 직접 만들어 확인하기

1 문장의 적합한 위치에 주어진 단어를 넣어보세요.

❶ 以前 A 我 B 去过 C 那儿 D 。（一次）

예전에 나는 그곳에 한 번 가본 적이 있어요.

❷ 他 A 大学 B 毕业 C 快 D 了 。（十年）

그가 대학을 졸업한 지 10년이 돼 가요.

❸ 爸爸 A 去了 B 超市 C 。（一趟）

아빠가 슈퍼에 한 번 다녀오셨어요.

2 다음 주어진 단어를 배열하여 문장을 완성하세요.

❶ 我 / 中国 / 两个月了 / 来 / 了

저는 중국에 온 지 두 달이 됐어요.

❷ 我 / 小李 / 见过 / 一次

나는 샤오리를 한 번 만난 적이 있어요.

❸ 打了 / 妈妈 / 电话 / 一个半小时的

엄마는 한 시간 반 동안 통화를 했어요.

작심삼일
극복!

정답은 223쪽

여덟 번째 작심삼일을 학습한 당신,
이 정도는 말할 수 있다!

★ **작심 회화** ★

🅐 我找过老师两次，他都不在。我有问题想问他。

선생님을 두 번이나 찾았는데, 모두 안 계셔. 물어보고 싶은 게 있는데 말이지.

🅑 他去了北京三天了。你难道不知道吗？你是他的铁杆粉丝嘛。

선생님 베이징에 간 지 3일 됐잖아. 너 설마 몰랐어? 너 선생님 광팬이면서.

🅐 嗯！我不知道，怎么了？

그래 몰랐다. 어쩔래?

我一个人做不了这个作业。这怎么办。

나 혼자는 이 숙제를 해낼 수 없는데. 이를 어째.

难道 nándào 그래 ~란 말인가?, 설마 ~란 말인가? | **铁杆粉丝** tiěgǎn fěnsī 골수 팬 | **怎么了** zěnme le 무슨 일이야?, 어떻게 된 거야? | **怎么办** zěnmebàn 어떻게 하나, 어쩌지

오늘은 여기까지
더 하다간 천재되겠어!

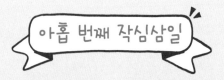

특수 문장 끝내기 ①

특수 문장 끝내기 ①

중국어의 특수 문장, 특히 존현문과 비교문, 연동문에 대해 살펴볼게요.

우선 **존현문은 사람이나 사물이 존재, 출현하거나 사라짐을 나타내는 문장**으로 주어 자리에 오는 단어에 제약이 있어요. 그리고 **비교를 나타내는 문장인 비교문**, 그 중에서도 '比'와 '没有'를 사용하는 비교문을 알아봐요. **동사가 연이어 나오는 문장인 연동문**은 동사들을 반드시 시간 순서에 따라 배열해야 한다는 내용을 꼭 기억하세요!

 Day 1 **존현문 알기**

 Day 2 **비교문 알기**

 Day 3 **연동문과 동사 중첩**

존현문 알기

📘 문법 이해하기 ✨

존현문은 이름도 생소하지요? 존현문은 특정한 장소나 시간에 어떤 사람이나 사물이 존재하거나 출현, 소실된 것을 나타내는 문장이에요.

ⓐ 客人来了。 손님이 왔어요.
Kèrén lái le.

ⓑ 来客人了。 손님이 왔어요.
Lái kèrén le.

한국어를 그대로 옮긴 a는 '오기로 예정된 손님', 즉 말하는 사람과 듣는 사람이 모두 알고 있는 경우에만 성립하는 문장인 반면, b는 없던 사람이 갑자기 출현했음을 나타내는 문장으로 이 문장이 바로 '존현문'이에요.

중국어의 문장은 아는 정보에서 새로운 정보로 배열돼요. 말하는 사람과 듣는 사람이 모두 아는 정보로부터 시작해서 듣는 사람이 모르는 정보, 즉 말하는 사람이 전달하고자 하는 새로운 정보가 문장 끝에 놓여요. 존현문은 이러한 중국어의 특징을 잘 보여주는 문장이에요.

2 핵심 문법 알기 ⭐

원어민 발음 듣기 9-1

⭐ 존현문

장소나 시간을 문장 맨 앞에 두어 그 장소나, 그 시간에 생긴 변화를 강조하는 문장으로 목적어로는 반드시 정해지지 않은 사람이나 사물, 새로운 정보가 온다는 것에 주의해야 해요.

> 정해지지 않은 사람/사물, 새로운 정보가 목적어로!

① 존재를 나타내는 경우

장소/시간 + 술어(동사) + **着** + 관형구 + 목적어 。

墙上**挂着**很多照片。 벽에 많은 사진이 걸려 있어요.
Qiáng shàng guàzhe hěn duō zhàopiàn.

- -

大树下**坐着**几个人。 큰 나무 아래 사람 몇 명이 앉아있어요.
Dàshù xià zuòzhe jǐ ge rén.

- -

床上**躺着**一个孩子。 침대 위에 아이 한 명이 누워있어요.
Chuáng shàng tǎngzhe yí ge háizi.

> **Tip** 존재를 나타내는 표현으로는 앞에서 배운 '장소 + 有 + 사람/사물', '장소 + 是 + 사람/사물'도 있어요!
>
> 예 家里有两只狗。 집에 개 두 마리가 있어요.
> Jiā lǐ yu liǎng zhī gǒu.
>
> 右边是一家医院。 오른쪽에 있는 것이 병원이에요.
> Yòubiān shì yì jiā yīyuàn.

墙 qiáng 벽 | 挂 guà (고리·못 등에) 걸다 | 照片 zhàopiàn 사진 | 大树 dàshù 거목, 큰 나무 | 坐 zuò 앉다 | 床 chuáng 침대 | 躺 tǎng 눕다 | 孩子 háizi 아이

② 출현이나 소실을 나타내는 경우

장소/시간 + 술어(동사+기타성분) + 관형어 + 목적어(사람/사물) 。

商店里来了很多客人。 상점에 손님이 많이 왔어요.
Shāngdiàn lǐ lái le hěn duō kèrén.

- -

昨天发生了一件大事。 어제 큰 일이 벌어졌어요.
Zuótiān fāshēng le yí jiàn dàshì.

- -

去年死了很多人。 작년에 많은 사람이 죽었어요.
Qùnián sǐ le hěn duō rén.

- -

昨天走了几个客人。 어제 손님 몇 명이 갔어요.
Zuótiān zǒu le jǐ ge kèrén.

- -

我们宿舍里搬来了几个留学生。
Wǒmen sùshè lǐ bānlái le jǐ ge liúxuéshēng.
우리 기숙사에 유학생 몇 명이 이사 들어왔어요.

- -

客人 kèrén 손님 | 发生 fāshēng 발생하다 | 大事 dàshì 큰일, 대사 | 去年 qùnián 작년, 지난 해 | 宿舍 sùshè 기숙사 | 搬 bān 이사하다 | 留学生 liúxuéshēng 유학생

⭐ 2 존현문에서의 유의사항

첫째 장소나 시간 앞에 개사를 쓰지 않아요!

예 在桌子上放着一本书。　　(×)
桌子上放着几本书。　　(○)
책상 위에 책 몇 권이 놓여 있어요.

둘째 목적어는 반드시 불특정한 사람이나 사물이 와야
해요!

예 我家来了你的朋友了。　　(×)
我家来了几个朋友了。　　(○)
우리 집에 친구 몇 명이 왔어요.

셋째 주어 자리에는 불특정한 것이 올 수 없어요!

예 一本书放在桌子上。　　(×)
那本书放在桌子上。　　(○)
有一本放在桌子上。　　(○)

Tip 중국어는 문장 처음에 정해지지 않은, 불특정한 것이 오는 것을 싫
어해요. 따라서 '一本书'라는 정해지지 않은 책, 알 수 없는 책이
올 수 없고, 지시대명사를 써서 지정해 주거나 무슨 책인지를 밝혀
줘야 해요.

넷째 동사 뒤에는 기타성분이 와야 해요! 일반적으로
동태조사, 방향보어, 결과보어 등이 쓰여요.

예 前面开过来一辆车。 앞에 차 한 대가 오고 있어요.

⭐3 존현문에 자주 쓰이는 동사

站	zhàn	서다
画	huà	그리다
坐	zuò	앉다
躺	tǎng	눕다
丢	diū	잃어버리다
写	xiě	쓰다
来	lái	오다
走	zǒu	가다
放	fàng	놓다
挂	guà	걸다
搬	bān	이사하다

3 직접 만들어 확인하기

1 다음 문장에서 틀린 부분을 찾아 바르게 고쳐 쓰세요.

❶ 很多照片挂在墙上。 벽에 많은 사진이 걸려 있어요.

_____

❷ 大树下坐几个人。 큰 나무 아래 사람 몇 명이 앉아있어요.

_____

❸ 床上一个孩子躺。 침대 위에 아이 한 명이 누워있어요.

_____

2 다음 주어진 단어를 배열하여 문장을 완성하세요.

❶ 走了 / 昨天 / 几个客人 어제 손님 몇 명이 갔어요.

_____

❷ 来了 / 商店里 / 客人 / 很多 상점에 손님이 많이 왔어요.

_____

❸ 昨天 / 大事 / 发生了 / 一件 어제 큰 일이 벌어졌어요.

_____

조금만 더 화이팅!

정답은 224쪽

비교문 알기

❘ 문법 이해하기 ✶✩

한국에서는 흔히 두 개를 비교할 때 조사 '~보다'와 '~만큼'을 사용하지요.

---

a 나는 당신보다 나이가 많아요.
b 나는 당신만큼 나이가 많아요.

중국어는 '比 bǐ'와 '有 yǒu'를 사용하여 비교해요!

---

c 我比你大。　Wǒ bǐ nǐ dà.
d 我有你大。　Wǒ yǒu nǐ dà.

'~보다 ~하다'라는 뜻의 단순비교는 '比'를 사용하고 '~만큼 ~하다'라는
뜻의 동등비교는 '有'를 사용해요. 주로 긍정문은 단순비교를, 부정문이나
의문문은 동등비교를 활용해요.

원어민 발음 듣기 9-2

⭐ ① '比' 비교문

문장구조가 정해져 있어서 어렵지 않아요. 부사의 사용만 주의하면
되고 자주 사용하는 부사가 정해져 있어요!

(A) + (比) + (B) + (还/更) + (술어) + (수량구) 。

我比她胖。 나는 그녀보다 뚱뚱해요.
Wǒ bǐ tā pàng.

- -

他比我大三岁。 그는 나보다 세 살 많아요.
Tā bǐ wǒ dà sān suì.

- -

今天比昨天还热。 오늘은 어제보다 더 더워요.
Jīntiān bǐ zuótiān hái rè.

- -

今天比昨天冷一点儿。 오늘은 어제보다 조금 추워요.
Jīntiān bǐ zuótiān lěng yìdiǎnr.

- -

我爸爸比我更有能力。 우리 아빠가 나보다 훨씬 능력 있어요.
Wǒ bàba bǐ wǒ gèng yǒu nénglì.

- -

> **Tip** 비교문에는 정도부사 '还 hái', '更 gèng', '最 zuì'만 사용할 수 있어요. '很
> hěn', '非常 fēicháng', '有点儿 yǒudiǎnr' 등은 No!
> ··
> 📖 这里的东西比北京非常便宜。(×)

胖 pàng 뚱뚱하다 | 热 rè 덥다 | 有能力 yǒu nénglì 능력 있다

⭐2 '比' 비교문의 부정

부정부사 '不'를 술어 앞에 놓는 것이 아니라 **비교를 나타내는 개사 '比' 앞에** 놓습니다만, 뜻이 조금 달라집니다. 비교의 대상이 서로 비슷한 경우에 사용해요.

A + 不 + 比 + B + 술어 。

📗 **我不比你大。** 나는 당신보다 나이가 많지 않거나 같아요.
Wǒ bùbǐ nǐ dà.

- -

我不比她胖。 나는 그녀보다 뚱뚱하지 않거나 비슷하게 뚱뚱해요.
Wǒ bùbǐ tā pàng.

- -

今天不比昨天冷。 오늘 어제처럼 춥거나 비슷해요.
Jīntiān bùbǐ zuótiān lěng.

- -

> **Tip** '~보다 못하다, ~한 것이 아니다'라는 뜻의 부정은 '没有 méiyǒu'를 사용해야 해요.
>
> 📗 **我没有你大。** 나는 너보다 나이가 많지 않다.(= 어리다)
> Wǒ méiyǒu nǐ dà.

 **‘有’ 비교문**

실제 회화에서는 **‘~만큼 ~하다/하지 않다’**는 비교문을 더 많이 사용하는데, 이때 동사 ‘有’로 표현해요.

A + **有/没有** + **B** + **(这么/那么)** + **술어** 。

我弟弟有我(这么)高了。
Wǒ dìdi yǒu wǒ (zhème) gāo le.
내 남동생은 나만큼 (이렇게) 키가 자랐어요.

- -

这种苹果有那种(那么)甜。
Zhè zhǒng píngguǒ yǒu nà zhǒng (nàme) tián.
이 사과는 저것만큼 (그렇게) 달아요.

- -

他没有你(那么)耐心。
Tā méiyǒu nǐ (nàme) nàixīn.
그는 당신만큼 (그렇게) 인내심이 있지 않아요.

- -

首尔没有北京冷。 서울은 베이징만큼 춥지 않아요.
Shǒu'ěr méiyǒu Běijīng lěng.

- -

他有我高吗? = 他有没有我(这么)高?
Tā yǒu wǒ gāo ma?= Tā yǒu méiyǒu wǒ (zhème) gāo?
그는 나만큼 (이렇게) 커요?

- -

Tip ‘有’ 비교문은 부정문이나 의문문의 형태로 많이 쓰여요. 앞에서 ‘不比’의 사용법에 제약이 있음을 말했지요? 그 자리를 대신하는 것이 바로 ‘没有’랍니다.

甜 tián (맛이) 달다 | 耐心 nàixīn 인내심이 강하다

⭐ **④ 그 외 비교문**

① **A** + **不如** + **B** ←

> B가 훨씬
> 좋은 경우에 사용

= A는 B에 미치지 못하다

百闻不如一见。 백 번 듣는 것보다 한 번 보는 것이 나아요.
Bǎi wén bùrú yí jiàn.

我什么都不如你。 나는 뭐든지 다 당신만 못해요.
Wǒ shénme dōu bùrú nǐ.

---

② **A** + **跟** + **B** + **一样 / 不一样 / 差不多**

= A는 B와 같다/같지 않다/비슷하다

我的想法跟你一样。 내 생각은 당신과 같아요.
Wǒ de xiǎngfǎ gēn nǐ yíyàng.

你跟他不一样。 당신은 그와 달라요.
Nǐ gēn tā bù yíyàng.

他的汉语水平跟我差不多。
Tā de Hànyǔ shuǐpíng gēn wǒ chàbuduō.
그의 중국어 실력은 나와 비슷해요.

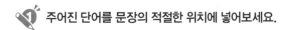

✎ 주어진 단어를 문장의 적절한 위치에 넣어보세요.

❶ 他的汉语 A 水平 B 跟 C 我 D 。 (差不多)
그의 중국어 실력은 나와 비슷해요.

❷ 今天 A 比 B 昨天 C 冷 D 。 (一点儿)
오늘은 어제보다 조금 추워요.

❸ 他 A 你 B 那么 C 耐心 D 。 (没有)
그는 당신만큼 그렇게 인내심이 있지 않아요.

✎ 주어진 단어를 이용하여 비교문으로 바꿔보세요.

❶ 哥哥20岁，妹妹18岁。 (比)
오빠는 여동생보다 두 살이 많아요.

_____

❷ 妈妈做的菜不太好吃，爸爸做的菜很好吃。 (不如)
엄마가 만들어주신 요리는 아빠가 만들어주신 요리만큼 맛있지 않아요.

_____

❸ 我的学习不太好，姐姐的学习很好。 (没有)
나는 언니만큼 공부를 잘하지 못해요.

_____

내일도
할꺼징?

정답은 224쪽

연동문과 동사 중첩

❚ 문법 이해하기 ✯✯

이제, 중국어를 어느 정도 배웠으니 중국에 가서 직접 사용해보고 싶지요? 이 말은 중국어로 어떻게 할까요?

---

a 我想学汉语去中国。 ✕

b 我想去中国学汉语。 ◯
　　Wǒ xiǎng qù Zhōngguó xué Hànyǔ.

---

a는 한국어로 옮기면 '중국어를 배워서 중국에 가고 싶어'로 말이 되지만, 중국어에서는 틀린 문장이에요. 왜냐하면 중국인의 인지 과정은 항상 시간의 흐름을 따르기 때문이지요. 중국어를 배우는 것과 중국에 가는 것은 시간에 따른 선후 관계가 성립하지 않으니까요. 반면, b는 '중국에 가서 중국어를 배우고 싶어'라는 뜻으로 중국인의 어감과 문법에 꼭 맞는 문장이에요.

중국어에는 '연이어 나오는 동사들은 반드시 시간의 순서에 따라 배열한다'는 원칙이 있어요. 꼭 기억해 두세요!

⭐ 연동문

동사가 연이어 나온 문장이라는 뜻으로, 하나의 주어에 동사가 두 개 이상 나오는 경우를 가리켜요. 중국인은 '방법'이나 '목적'을 나타낼 때 연동문을 사용한답니다.

주어 **+** [동사1 **+** 목적어1] **+** [동사2 **+** 목적어2] 。

你过来看吧。 당신이 이리 와서 봐요.
Nǐ guòlái kàn ba.

他吃了早饭就上班了。 그는 아침을 먹고 바로 출근했어요.
Tā chī le zǎofàn jiù shàngbān le.

我去超市买菜。 나는 시장에 가서 장을 봐요.
Wǒ qù chāoshì mǎicài.

我每天坐地铁上学。 나는 매일 지하철을 타고 등교해요.
Wǒ měitiān zuò dìtiě shàngxué.

你躺着休息一会儿吧。 당신은 누워서 잠시 쉬어요.
Nǐ tǎngzhe xiūxi yíhuìr ba.

早饭 zǎofàn 아침밥 | 上班 shàngbān 출근하다 | 买菜 mǎicài 장을 보다 |
坐 zuò 타다 | 地铁 dìtiě 지하철 | 上学 shàngxué 등교하다

연동문이 나타내는 의미

첫째 첫 번째 동사구는 방법이나 수단을 나타내고!

둘째 두 번째 동사구는 목적을 나타내고!

셋째 두 가지 동작이 시간 순서에 따라 **선후관계로 일어나는 것을 나타내요!**

⭐2 '有'자 연동문

'~할 …이 있다/없다'는 뜻이에요. 연동문은 앞에서부터 번역하지만, 이 경우에는 뒤에서부터 번역하는 것이 자연스러워요.

주어 **+** | **有/没有** **+** 목적어1 | **+** 동사2 **+** 목적어2 。

他们都有房子住。 그들은 모두 살 집이 있어요.
Tāmen dōu yǒu fángzi zhù.

我没有时间跟你玩儿。 나는 너랑 놀 시간이 없어.
Wǒ méiyǒu shíjiān gēn nǐ wánr.

他没有时间吃饭。 그는 밥 먹을 시간이 없어요.
Tā méiyǒu shíjiān chīfàn.

房子 fángzi 집, 건물 | 住 zhù 살다, 거주하다 | 时间 shíjiān 시간 | 玩儿 wánr 놀다

동사 중첩

중국어에서 동사를 중첩하면 '좀(잠시) ~하다' 또는 '한번 ~해보다'라는 동작의 완화와 시도의 의미를 가지게 돼요!

> **일음절 동사의 중첩**

AA, A一A, A了A

你试试看吧。 당신이 한번 해봐요.
Nǐ shìshi kàn ba.

我们谈一谈吧。 우리 이야기 좀 해요.
Wǒmen tán yi tán ba.

我试了试。 내가 시도를 좀 했어요.
Wǒ shì le shì.

> **이음절 동사의 중첩**

ABAB, AB了AB

我们休息休息吧。 우리 좀 쉬어요.
Wǒmen xiūxi xiūxi ba.

我们研究了研究这个问题。
Wǒmen yánjiu le yánjiu zhège wèntí.
우리 이 문제를 좀 검토해요.

> **이합동사의 중첩**

AAB

我们见见面吧。 우리 한번 만나요.
Wǒmen jiànjiànmiàn ba.

周末我睡睡觉，散散步。
Zhōumò wǒ shuìshuìjiào, sànsànbù.
주말에 나는 잠을 좀 자고, 산책을 좀 해요.

谈 tán 이야기하다 | 试 shì 시도해보다 | 研究 yánjiū 연구(하다) | 散步 sànbù 산책하다

⭐ 4 동사를 중첩할 수 없는 경우

첫째 **동사중첩형은 보어와 함께 쓰이지 않아요!**

> 예. 我问问清楚了再告诉你。 　(×)
>
> 我问清楚了再告诉你。 　(○)
> 내가 분명하게 물어보고, 다시 알려줄게요.

둘째 **동사중첩형은 진행형과 함께 쓰이지 않아요!**

> 예 我正在做做作业呢。 　(×)
>
> 我正在做作业呢。 　(○)
> 나는 지금 숙제를 하고 있어요.

셋째 **심리, 소유, 존재를 나타내는 동사는 중첩할 수 없어요!**

> 예 我喜欢喜欢吃中国菜。 　(×)
>
> 我喜欢吃中国菜。 　(○)
> 나는 중국 요리 먹는 것을 좋아해요.

问 wèn 질문하다 | 清楚 qīngchu 분명하다 | 告诉 gàosu 알려주다

3 직접 만들어 확인하기

1 다음 주어진 단어를 배열하여 문장을 완성하세요.

1 去 / 我 / 买菜 / 超市　　내가 시장에 가서 장을 봐요.

---

2 我 / 上学 / 坐地铁 / 每天
나는 매일 지하철을 타고 등교해요.

---

3 我 / 跟你玩儿 / 没有 / 时间　　나는 너랑 놀 시간이 없어.

---

2 다음 문장에서 틀린 부분을 찾아 바르게 고쳐 쓰세요.

1 你休息一会儿躺着吧。　당신은 누워서 잠시 쉬어요.

---

2 周末我睡睡觉觉，散散步步。
주말에 나는 잠을 좀 자고, 산책을 좀 해요.

---

3 他们都住有房子。
그들은 모두 살 집이 있어요.

작심삼일 극복!

정답은 224쪽

아홉 번째 작심삼일을 학습한 당신, 이 정도는 말할 수 있다!

★ **작심 회화** ★

Ⓐ 我们宿舍里搬来了几个留学生。
우리 기숙사에 유학생 몇 명이 이사왔어.

Ⓑ 有帅的男生吗?
잘생긴 남학생 좀 있어?

Ⓐ 有是有。可是我比他们更帅!
있긴 있지. 근데 내가 걔네보다 훨씬 잘생겼어!

Ⓑ 百闻不如一见! 我吃了饭就去看他们。你坐着休息一会儿吧。
백문이 불여일견! 나 밥 먹고 그 사람들 좀 보러 갈게. 넌 앉아서 쉬고 있어.

작심삼일 시작하면서부터
내 몸에 중국어의 피가 흐른다.

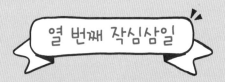

열 번째 작심삼일

특수 문장 끝내기 ②

这个月的工资都花光了。
이번 달 월급을 다 써버렸어.

쇼핑데이에
이번 달 월급을
다 썼네…

하...

통장이 한순간에 텅장

특수 문장 끝내기 ②

작심삼일 대장정의 막을 내리려고 하네요. 마지막으로 무엇을 다룰까 많이 고민했어요. 중국어의 기본 어순으로 시작했으니, 그것을 벗어난 문장으로 마칠까 해요!

바로 한국어 어순과 같은 '주어＋목적어＋술어(SOV)'의 형식으로 나타나는 문장이에요. 중국인도 동사를 뒤로 놓고 싶을 때가 있어요. 언제일까요? 바로 **동작이나 기타 성분을 강조하고 싶은 경우**에 그래요. **대표적으로 '把'** 자문, '被'자문, '让'자문이 있습니다.

 '把'자문 알기

 '被'자문 알기

 '让'자문 알기

'把'자문 알기

문법 이해하기 ✦

중국어에서 '把'자문은 목적어를 술어 앞으로 이동시킨 문장으로 한국어의 어순과 똑같아요. 이러한 특수 문장을 사용하는 까닭은 말하고 싶은 것을 문장 끝으로 옮겨 듣는 이에게 확실히 전달하고자 하는 것이죠.

我把钱包丢了。 나는 지갑을 잃어버렸어.
Wǒ bǎ qiánbāo diū le.

我把车坐错了。 나는 차를 잘못 탔어.
Wǒ bǎ chē zuòcuò le.

위 문장에서 말하는 이가 가장 전달하고 싶은 정보는 문장 맨 끝으로 이동시킨 '丢了'와 '错了'에 있어요.

중국어는 문장 뒤로 갈수록 새로운 정보(new information)가 와요. 일반적으로 전체 문장은 아는 정보(old information)에서 새로운 정보로 배열되지요. 꼭 기억해 두세요!

⭐ '把'자문

'把'자문의 핵심은 문장 끝에 위치한 술어와 기타성분에 있어요.
어순 변화로 인해, 술어와 기타성분이 전달하고자 하는 가장 새로
운 정보가 되어요.

我把作业做完了。　나는 숙제를 다 해버렸어요.
Wǒ bǎ zuòyè zuòwán le.

你把大衣脱下来吧。　외투를 벗으세요.
Nǐ bǎ dàyī tuōxiàlái ba.

他把那个蛋糕吃光了。　그가 그 케이크를 다 먹어버렸어요.
Tā bǎ nàge dàngāo chīguāng le.

他没把这本书看完。　그는 이 책을 다 읽지 못했어요.
Tā méi bǎ zhè běn shū kànwán.

你怎么不把手机带来?
Nǐ zěnme bù bǎ shǒujī dàilái?
당신은 왜 휴대전화를 안 가져왔어요?

> '把'자문의 부정은
> '把' 앞에 '不'나 '没'를 두어
> 개사 '把' 뒤의 전체를 부정해요!

我不想把这件事告诉他。
Wǒ bùxiǎng bǎ zhè jiàn shì gàosu tā.
나는 이 일을 그에게 알리고 싶지 않아요.

> 보조개 기억나시죠?
> 즉, 부사와 조동사는
> 개사 '把' 앞에 위치해요.

车 chē 차 | 大衣 dàyī 외투 | 脱下来 tuōxiàlái 벗어버리다 | 蛋糕 dàngāo
케이크

'把'자문에서 주의할 점!

첫째 술어에 동사가 단독으로 올 수 없어요!

Tip 기타성분이 전달하고자 하는 정보의 핵심이기 때문에 반드시 결과나 방법을 나타내는 기타 성분과 함께 나와야 해요!

둘째 '把' 뒤의 명사는 반드시 정해진 것이어야 해요!

> 예 我把一本小说看完了。 (×)

셋째 시간명사/부사, 조동사, 부정부사 등은 모두 '把' 앞에 놓여요!

넷째 심리활동이나 인지활동을 나타내는 동사는 '把' 자문에 사용할 수 없어요!

> 예 他把我喜欢。　　　　 (×)

다섯째 기타성분으로 동태조사 '了', '着'는 함께 쓸 수 있지만, '过'는 쓸 수 없어요!

> 예 我把玻璃杯打碎了。 (○) → 이미 발생한 동작
> 내가 유리컵을 깼어요.
>
> 你把窗户开着吧。 (○) → 아직 발생하지 않은
> 창문을 열어놓으세요. 동작, 명령문
>
> 我把那个菜吃过。 (×)

여섯째 기타성분으로 가능보어는 쓸 수 없어요!

Tip 가능보어가 쓰인 문장의 핵심은 동작의 실현 가능성에 있기 때문!

> 예 我把这个菜吃不下。 (×)

⭐ '把'자문과 찰떡궁합 결과보어 '给 / 成'

사물을 전달하거나 사물의 변화를 나타내는 '把'자문은 일반적으로 결과보어 '给 / 成'와 함께 쓰여요. '给'는 '~에게 주다, 전달하다'는 뜻을, '成'은 '~이 되다, ~으로 변하다'는 뜻을 강조할 때 사용해요.

주어 + 把 + 목적어 + 술어 + 给/成 + 대상 + 기타성분 。

你把筷子递**给**我吧。 젓가락을 나에게 건네주세요.
Nǐ bǎ kuàizi dìgěi wǒ ba.

- -

他把钱还**给**我了。 그는 나에게 돈을 돌려 주었어요.
Tā bǎ qián huángěi wǒ le.

他把人民币换**成**韩币了。 그는 위안화를 원화로 바꿨어요.
Tā bǎ Rénmínbì huànchéng Hánbì le.

他把'请'字写**成**'清'字了。 그는 '请'을 '清'으로 썼어요.
Tā bǎ 'qǐng' zì xiěchéng 'qīng' zì le.

我把飞机票交**给**了他。 나는 비행기표를 그에게 건네주었어요.
Wǒ bǎ fēijīpiào jiāogěi le tā.

- -

玻璃杯 bōlibēi 유리잔 | 打碎 dǎsuì 깨뜨리다 | 窗户 chuānghu 창문 | 开 kāi 열다 | 筷子 kuàizi 젓가락 | 递 dì 건네주다 | 飞机票 fēijīpiào 비행기표 | 交 jiāo 건네주다 | 人民币 Rénmínbì 인민폐, 런민삐 | 换 huàn 바꾸다 | 韩币 Hánbì 한국 화폐

⭐3 '把'자문과 찰떡궁합 결과보어 '在/到'

'일정 장소에 위치시키다, 두다'는 뜻을 가진 '把'자문은 일반적으로 결과보어 '在/到'와 함께 쓰여요. 모두 장소를 나타내는 말로 '~에, ~으로'라는 뜻이지요.

주어 + 把 + 목적어 + 동사 + 在/到 + 장소 + 기타성분 。

我把汽车停在停车场了。 내가 차를 주차장에 주차했어요.
Wǒ bǎ qìchē tíng zài tíngchēchǎng le.

他把钱包忘在咖啡厅了。 그가 지갑을 카페에 두고 왔어요.
Tā bǎ qiánbāo wàngzài kāfēitīng le.

你把那本书放在桌子上吧。 그 책을 책상 위에 두세요.
Nǐ bǎ nà běn shū fàngzài zhuōzi shàng ba.

他把椅子搬到楼下去了。 그가 의자를 아래층으로 옮겼어요.
Tā bǎ yǐzi bāndào lóuxià qù le.

他们把我送到机场了。 그들이 나를 공항까지 배웅해 줬어요.
Tāmen bǎ wǒ sòngdào jīchǎng le .

停 tíng (차가) 서다 | 停车场 tíngchēchǎng 주차장 | 忘 wàng 잊다 | 咖啡厅 kāfēitīng 커피숍 | 桌子 zhuōzi 책상 | 搬 bān 옮기다 | 楼下 lóuxià 아래층 | 送 sòng 전송하다, 배웅하다

3 직접 만들어 확인하기

✏️ 다음 문장에서 틀린 부분을 찾아 바르게 고쳐 쓰세요.

① 你把脱下来大衣吧。　외투를 벗으세요.

---

② 他把还给钱我了。　그는 나에게 돈을 돌려 주었어요.

---

③ 他把这本书没看完。　그는 이 책을 다 읽지 못했어요.

✏️ 보기를 참고하여 다음 문장을 '把'자문으로 바꿔보세요.

> 보기　我喝完了咖啡。 ➡ 我把咖啡喝完了。

① 我修好了手表。　➡

② 我们应该学好汉语。 ➡

③ 我告诉他这个消息了。

➡

조금만
더 화이팅!

정답은 224쪽

'被'자문 알기

문법 이해하기

'被'자문은 주어의 상태에 엄청난 변화를 주는데, 주어를 '당하는 입장'으로 만들어 버려요.

개가 먹는다.	개가 먹힌다.
狗吃了。	狗被吃了。

'被'를 동사 앞에 쓰는 순간, 능동문이 피동문이 되고, 주어는 동작의 대상이 돼요. 화살의 끝이 어디를 향하느냐를 '被'가 결정하는 것이지요.

a **晚饭被弟弟吃光了。** 저녁밥은 남동생이 다 먹어버렸어.
　　Wǎnfàn bèi dìdi chīguāng le.

b **晚饭已经吃好了。** 저녁밥은 이미 다 먹었어.
　　Wǎnfàn yǐjīng chīhǎo le.

중국어의 피동문은 '被'자를 사용하는 문장과 사용하지 않는 의미상 피동문으로 나뉘어요. a는 '被'자 피동문으로 '피해를 당하다', '원하지 않는' 어감이 더해진 문장이고, b는 의미상 피동문으로 한국어의 어감과 크게 다르지 않은, 회화에서 많이 사용되는 문장이에요.

⭐ '被'자문

중국어에서 '被'자문은 주로 일어나지 않기를 바라는 부정적인 상황에 사용돼요. 그러므로 동작의 실제 행위자인 목적어는 자주 생략됩니다. 왜냐고요? 나쁜 사람(?)이니까요.

주어 + **被** + **(목적어)** + **동사** + **기타성분** 。

我被(他)打了。 저는 (그에게) 맞았어요.
Wǒ bèi (tā) dǎ le.

衣服被(雨)淋了。 옷이 (비에) 젖어 버렸어요.
Yīfu bèi (yǔ) lín le.

我爸被那个人骗过。 아빠는 그 사람에게 사기당한 적이 있어요.
Wǒ bà bèi nàge rén piànguo.

我的手机被妈妈拿走了。
Wǒ de shǒujī bèi māma názǒu le.
내 스마트폰은 엄마가 가지고 가셨어요.

他今天被经理骂了一顿。 ◀
Tā jīntiān bèi jīnglǐ mà le yí dùn.
그는 오늘 사장님한테 한 차례 혼났어요.

'보조개'에 따라
부사와 조동사는
개사 '被' 앞에 위치!

我的钱包没被小偷儿偷去。 ◀
Wǒ de qiánbāo méi bèi xiǎotōur tōuqù.
내 지갑은 소매치기에게 도둑맞지 않았어요.

'보조개'에 따라서
'被'자문의 부정도
'被' 앞에 '没'를 두어
'被' 뒤의 전체를 부정해요!

打 dǎ 맞다, 때리다 | 淋 lín 젖다 | 骗 piàn 속이다 | 手机 shǒujī 휴대전화 |
经理 jīnglǐ 사장님 | 骂 mà 질책하다, 꾸짖다 | 小偷儿 xiǎotōur 소매치기 |
偷 tōu 훔치다

'被'자문에서 주의할 점

첫째 '被'자문의 술어 동사 뒤에도 '把'자문과 마찬가지로 반드시 기타성분이 와야 해요!

둘째 조동사, 부사는 '被' 앞에 옵니다. '보조개' 기억하시죠? '被'자구가 곧 개사구이지요. 그러므로 부정은 '被' 앞에 부정부사 '没'를 써서 나타내요!

> 예 我没被爸爸骂了一顿。
> 나는 아빠에게 혼나지 않았어요.

셋째 '被'자문은 뒤의 동작의 행위자를 생략하고 바로 동사를 취하기도 해요!

> 예 我被骂了一顿。 나는 한 차례 꾸중을 들었어요.

넷째 회화에서는 '叫', '让', '给'도 '被'의 의미로 사용됩니다.

> 예 我的话叫他听见了。 내 말을 그가 엿들었어요.
>
> 笔记本电脑让我弄坏了。
> 노트북은 내가 고장 냈어요.

Tip 최근에는 '被'자문의 부정적 의미가 많이 옅어져, 그냥 피동의 의미만을 나타내는 경우도 많아요!

예 他被老师表扬了。 그는 선생님께 칭찬받았어.
Tā bèi lǎoshī biǎoyáng le.

我被他的音乐所感动。 나는 그의 음악에 감동받았어.
Wǒ bèi tā de yīnyuè suǒ gǎndòng.

听见 tīngjiàn 들리다. 듣다 | 笔记本电脑 bǐjìběn diànnǎo 노트북 | 弄坏 nònghuài 망가뜨리다 | 表扬 biǎoyáng 표창(하다) | 感动 gǎndòng 감동하다

 **의미상 피동문**

의미상 피동문을 잘 활용하는 것도 중국인처럼 말하는 비법 중 하나
예요. **의미상 피동문은 '被'자가 쓰이지 않는 피동문장**으로 주어 자
리에 동작의 주체가 아닌 동작을 받는 대상이 와요.

주어(동작의 대상) **+** 동사 **+** 기타성분 。

晚饭已经做好了。 저녁밥이 이미 다 되었어요.
Wǎnfàn yǐjīng zuòhǎo le.

那本书卖完了。 그 책은 다 팔렸어요.
Nà běn shū màiwán le.

这个月的工资都花光了。 이번 달 월급을 모두 다 써버렸어요.
Zhège yuè de gōngzī dōu huāguāng le.

房间打扫干净了。 방이 깨끗하게 청소되었어요.
Fángjiān dǎsǎo gānjìng le.

那本小说读得非常快。 그 책은 매우 빨리 읽혀요.
Nà běn xiǎoshuō dú de fēicháng kuài.

卖 mài 팔다 | 工资 gōngzī 임금, 월급 | 花光 huāguāng 전부 써 버리다 |
房间 fángjiān 집, 방 | 打扫 dǎsǎo 청소하다 | 读 dú 읽다

★ 의미상 피동문에서 주의할 점 ★

첫째 동작의 대상이 화제인 경우가 많아요. 화제 중심 언어인 중국어에서 자주 보이는 문장이지요. 그러므로 꼭 알아두어야 할 표현 방법입니다.

둘째 의미상 피동문의 주어 자리에는 반드시 사물이 오며, 문장구조는 일반적인 동사술어문과 같아요.

Tip '被'자문은 비정상적인, 일반적이지 않은, 좋지 않은 상황에 쓰이고, 의미상 피동문은 있는 그대로의 사실을 나타낼 때 사용한답니다!

예 大门打开了，我们可以进去。
Dàmén dǎkāi le, wǒmen kěyǐ jìnqù.
대문이 열려 있으니, 우리 들어갈 수 있어.

大门被打开了，是不是出事了。
Dàmén bèi dǎkāi le, shìbushì chūshì le.
대문이 열려 있네, 무슨 일 난 거 아냐.

大门 dàmén 대문, 앞문 | 打开 dǎkāi 열다 | 出事 chūshì 사고가 발생하다

3 직접 만들어 확인하기

다음 문장에서 틀린 부분을 찾아 바르게 고쳐 쓰세요.

❶ 一个手机被妈妈拿走了。

내 스마트폰은 엄마가 가지고 가셨어요.

_____

❷ 我爸被那个人骗。　아빠는 그 사람에게 사기당한 적이 있어요.

_____

❸ 我的钱包被小偷儿没偷去。

내 지갑은 소매치기에게 도둑맞지 않았어요.

_____

다음 문장을 '被'자문으로 바꿔보세요.

> 보기 我看完了那本小说。 ➡ 那本小说被我看完了。

❶ 别人骗了他。 ➡

❷ 小偷偷走了我的钱包。 ➡

❸ 我借给同学自行车了。

➡

내일도 할꺼징?

정답은 224쪽

'让'자문 알기

▌ 문법 이해하기 ✦

중국어에는 목적어와 주어 역할을 겸하는 단어가 있어요. 바로 '겸어'라고 불리는데 대표적으로 '让 ràng', '叫 jiào', '使 shǐ', '请 qǐng'이 있습니다. 이 동사들은 '~에게 ~하도록 시키다(청하다)'는 뜻을 가지고 있어서 사역동 사라고도 부르지요.

今天我请你吃饭。 오늘 내가 당신에게 밥 살게요.
Jīntiān wǒ qǐng nǐ chīfàn.

이 문장에서 '你'가 바로 겸어예요. 동사 '请'의 목적어이자 뒤에 나오는 '吃'의 주어이지요.

⭐ 겸어문

주어 ＋ 동사1 ＋ 겸어 ＋ 동사2 。

妈妈让我打扫。 엄마가 나에게 청소하도록 시키셨어요.
Māma ràng wǒ dǎsǎo.

他叫我明天再来。 그가 나에게 내일 다시 오라고 했어요.
Tā jiào wǒ míngtiān zài lái.

你说的话使我感到有点儿不安。
Nǐ shuō de huà shǐ wǒ gǎndào yǒudiǎnr bù'ān.
당신이 한 말이 나로 하여금 조금 불안하게 했어요.

公司要她马上回国。
Gōngsī yào tā mǎshàng huíguó.
회사가 그녀에게 바로 귀국하라고 요구했어요.

有时间，**我请**你来我家玩儿。
Yǒu shíjiān, wǒ qǐng nǐ lái wǒ jiā wánr.
시간 있으면, 우리 집에 놀러 오세요.

 Tip 겸어문에 자주 쓰이는 동사

让 ràng	～에게 ～하게 하다	请 qǐng	～에게 ～하도록 청하다
叫 jiào	～에게 ～하게 시키다	要 yào	～가 ～하도록 요구하다
使 shǐ	～에게 ～하도록 하다	劝 quàn	～가 ～하도록 권하다

感到 gǎndào 느끼다 | 不安 bù'ān 불안하다 | 回国 huíguó 귀국하다

겸어문에서 주의할 점

첫째 겸어문의 부정은 첫 번째 동사 앞에 '不' 또는 '没'를 붙여요!

예 妈妈不让我玩儿游戏。
엄마가 나에게 게임하지 말라고 하세요.

둘째 조동사는 일반적으로 첫 번째 동사 앞에 **위치해요.**

예 我想请他回家。
나는 그에게 집에 돌아가라고 할 생각이에요.

셋째 '了', '过'는 두 번째 동사 뒤에 **와요.**

예 老师让我读了两遍课文。
선생님께서 나에게 본문을 두 번 읽으라고 시키셨어요.

Tip 금지형 명령문을 만드는 '不要'나 '别'는 두 번째 동사 앞에만 올 수 있어요!

예 请你不要出去。 나가지 마세요.
Qǐng nǐ búyào chūqù.

他叫我别看。 그가 나에게 보지 않도록 시켰어요.
Tā jiào wǒ bié kàn.

玩儿游戏 wánr yóuxì 게임하다 | 出去 chūqù 나가다

겸어문과 피동문의 뜻 비교

겸어문의 '叫', '让'과 피동문의 '被'는 문장 구조가 똑같지만, 뜻이
달라지므로 사용에 주의해야 해요!

那辆自行车叫他带走吧。
Nà liàng zìxíngchē jiào tā dàizǒu ba.　　　　　그가 바라지 않음
그 자전거를 그에게 가져가라고 하세요.

那辆自行车让他带走吧。
Nà liàng zìxíngchē ràng tā dàizǒu ba.　　　　그가 바라고 있음
그 자전거를 그에게 가져가라고 하세요.

那辆自行车被他带走了。
Nà liàng zìxíngchē bèi tā dàizǒu le.　　　　　내가 원하지 않음
그 자전거는 그가 가져갔어요.

 '让'과 '叫'가 피동 표지로 사용되는 경우가 있으므로, 앞뒤 문장을 잘 살펴보
아야 해요. 두 번째 동사의 의미가 능동적인 경우 주로 겸어문이 된답니다!

⭐ 축원문

여기서는 **겸어문의 또 다른 형태인 축원문**을 살펴볼게요. 중국어로
생일 축하 노래는 부를 수 있어야겠지요?

祝 **+** 축하 대상 **+** 축하하는 내용

祝**你生日快乐**! 생일 축하해요!
Zhù nǐ shēngrì kuàilè!

祝**你周末愉快**! 주말 즐겁게 보내요!
Zhù nǐ zhōumò yúkuài!

祝**大家身体健康**! 모두의 건강을 축원해요!
Zhù dàjiā shēntǐ jiànkāng!

生日 shēngrì 생일 | 快乐 kuàilè 즐겁다 | 周末 zhōumò 주말 | 愉快
yúkuài 유쾌하다 | 健康 jiànkāng 건강하다

3 직접 만들어 확인하기 ✯✩

1 다음 주어진 단어를 배열하여 빈칸에 문장을 완성하세요.

❶ 他的话 ⬚⬚⬚⬚⬚⬚⬚⬚⬚⬚⬚⬚ 。

(我 / 使 / 很感动) 그의 말은 나를 감동시켰어요.

❷ 妈妈 ⬚⬚⬚⬚⬚⬚⬚⬚⬚⬚⬚⬚⬚⬚⬚ 。

(我 / 买牛奶 / 让 / 去超市)

엄마가 나에게 마트에 가서 우유를 사오라고 하셨어요.

❸ 我们 ⬚⬚⬚⬚⬚⬚⬚⬚⬚⬚⬚⬚⬚ 。

(劝 / 休息休息 / 他) 우리는 그에게 좀 쉬도록 권했어요.

2 빈칸에 들어갈 알맞은 단어를 골라 보세요.

❶ 我想 ⬚⬚⬚ 你帮我一个忙。(请 / 劝 / 使)

나는 당신에게 도움을 좀 청하고 싶어요.

❷ 这个消息 ⬚⬚⬚ 我很难过。(请 / 劝 / 使)

이 소식은 나를 매우 힘들게 했어요.

❸ 你 ⬚⬚⬚ 他明天回来吧。(叫 / 使)

당신이 그에게 내일 오라고 해줘요.

//
작심삼일
극복!

정답은 224쪽

열 번째 작심삼일을 학습한 당신, 이 정도는 말할 수 있다!

★ **작심 회화** ★

A 这次光棍节我在网上购买得很开心。买皮鞋呀、皮包呀、化妆品呀等等。

이번 광군제에 나 인터넷으로 엄청 질렀어. 신발이랑 가방이랑 화장품 등등.

B 你爸爸妈妈知道这件事情吗? 如果是我不想把这件事告诉他们。

너희 부모님이 그거 아셔? 나라면 알리고 싶지 않을 거야.

A 我已经被爸爸骂了一顿。这个月的工资都花光了。

나 이미 아빠한테 한바탕 혼이 났지 뭐야. 이번 달 월급을 다 써버렸다고.

光棍节 Guānggùn Jié 솔로의 날 [매년 11월 11일로 최근에는 쇼핑의 날이 되었음] ㅣ
购买 gòumǎi 구입하다 ㅣ 开心 kāixīn 기분 전환하다, 상쾌하다 ㅣ 皮鞋 píxié 가죽
구두 ㅣ 皮包 píbāo 가죽 가방 ㅣ 化妆品 huàzhuāngpǐn 화장품

하기 싫어 죽을 뻔했는데 안 죽고 해냈다.
사람 그렇게 쉽게 안 죽더라?

정답

❶ 墙上挂着很多照片。

❷ 大树下坐着几个人。

❸ 床上躺着一个孩子。

❶ 昨天走了几个客人。

❷ 商店里来了很多客人。

❸ 昨天发生了一件大事。

❶D　❷D　❸A

❶ 哥哥比妹妹大两岁。

❷ 妈妈做的菜不如爸爸做的
菜好吃。

❸ 我学习没有姐姐好。

❶ 我去超市买菜。

❷ 我每天坐地铁上学。

❸ 我没有时间跟你玩儿。

❶ 你躺着休息一会儿吧。

❷ 周末我睡睡觉，散散步。

❸ 他们都有房子住。

❶ 你把大衣脱下来吧。

❷ 他把钱还给我了。

❸ 他没把这本书看完。

❶ 我把手表修好了。

❷ 我们应该把汉语学好。

❸ 我把这个消息告诉他了。

❶ 我的手机被妈妈拿走了。

❷ 我爸被那个人骗过。

❸ 我的钱包没被小偷儿偷
去。

❶ 他被别人骗了。

❷ 我的钱包被小偷偷走了。

❸ 自行车被我借给同学了。

❶ 使我很感动

❷ 让我去超市买牛奶

❸ 劝他休息休息

❶ 请

❷ 使

❸ 叫

126쪽

★ 시간의 흐름에 따른 동작의 모양

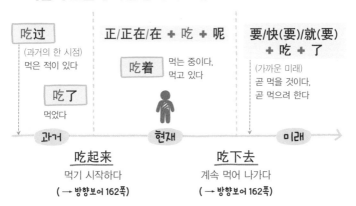

159쪽

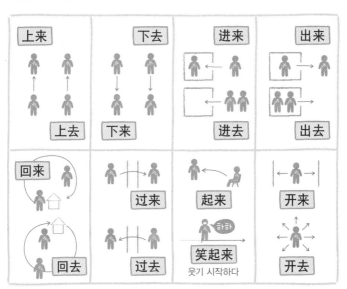

일러스트 뿡작가 ★

국민대학교 디자인대학원에서 석사 과정을 마쳤으며
현재 브랜드 콜라보,디지털아이템, 전시, 출판 등
다양한 작품 활동과 강의를 하고 있습니다.

인스타그램 @321bboom
https://blog.naver.com/rem_ey

작심3일 **10**번으로 **중국어** 끝내기

초판발행	2019년 1월 21일
1판 3쇄	2021년 3월 20일
저자	김세미
책임편집	최미진, 가석빈, 高霞
펴낸이	엄태상
기획	양승주, 최미진
디자인	권진희
조판	이서영
콘텐츠 제작	김선웅, 김현이, 김담이
마케팅	이승욱, 전한나, 왕성석, 노원준, 조인선, 조성민
경영기획	마정인, 조성근, 최성훈, 정다운, 김다미, 오희연
물류	정종진, 윤덕현, 양희은, 신승진
펴낸곳	시사중국어사(시사북스)
주소	서울시 종로구 자하문로 300 시사빌딩
주문 및 교재문의	1588-1582
팩스	(02)3671-0500
홈페이지	http://www.sisabooks.com
이메일	book_chinese@sisadream.com
등록일자	1988년 2월 13일
등록번호	제1 - 657호

ISBN 979-11-5720-133-4 13720

상 장

작심완성 상   이름 : _____

위 사람은 매번 실패하는 사람들의
모범이 되어 작심삼일을 열 번이나
해냈으므로 이 상장을 수여합니다.

년   월   일
시사중국어사 작심
삼일

 작심3일 10번의 여정을 마친 스스로를 아낌없이 칭찬하세요!
점선을 따라 오려 나에게 상장을 수여해 보세요.